《财务会计学模拟实验教程》
实训手册

中国人民大学出版社
·北京·

目　录

第 1 部分　原始凭证

1.1　第 1 单元原始凭证 …… 3
1.2　第 2 单元原始凭证 …… 45
1.3　第 3 单元原始凭证 …… 81
1.4　第 4 单元原始凭证 …… 107
1.5　第 5 单元原始凭证 …… 143
1.6　第 6 单元原始凭证 …… 177

第 2 部分　记账凭证

第 3 部分　账　簿

3.1　总分类账 …… 271
3.2　日记账 …… 282
3.3　三栏式明细分类账 …… 284
3.4　数量金额式明细分类账 …… 302
3.5　多栏式明细分类账 …… 307

第 4 部分　财务报表

4.1　资产负债表 …… 313
4.2　利润表 …… 314
4.3　现金流量表 …… 315
4.4　所有者权益变动表 …… 317

第 1 部分

原始凭证

1.1 第1单元原始凭证

1-1-1 增值税专用发票

税总函[2016]××号×××公司

1100151140

北京 增值税专用发票

（印章：全国统一发票监制章 北京 国家税务总局监制）

发票联

№ 61584152 1100151140

61584152

机器编号：982888814879

开票日期：2021年02月21日

购买方	名　　称：图宝商贸股份有限公司 纳税人识别号：91110108590622319X 地 址、电 话：北京市海淀区中关村大街甲59号文化大厦666室010-62515479 开户行及账号：中国工商银行紫竹院支行0200007609047657440	密码区	172312-4-275〈1+46*54* 82*59* 181321〉〈8182*59*09618153〈/ 〈4〈3*2702-9〉9*+153〈/0 〉2-3 *08/4〉*〉〉2-3*0/9/〉〉25-275〈1

货物或应税劳务、服务名称	规格型号	单位	数量	单价	金额	税率	税额
*转印纸*A4打印纸		包	15	20.00	300.00	13%	39.00
合　　计					¥300.00		¥39.00
价税合计（大写）	⊗叁佰叁拾玖元整				（小写）¥339.00		

销售方	名　　称：晨光文具店 纳税人识别号：91410100MA44HUD80N 地 址、电 话：北京市海淀区中关村大街15号C378号 开户行及账号：中国工商银行紫竹院支行0200007609047658550	备注	校验码 52118 02818 08248 65199 （印章：晨光文具店 91410100MA44HUD80N 发票专用章）

收款人：陈曦　　复核：　　开票人：陈曦　　销售方：（章）

第三联：发票联　购买方记账凭证

教学专用

1-1-2 银行付款凭证

科技伴随 高效学习

同城委托收款凭证（付款通知）

特约

委托日期　2021 年 10 月 10 日

委收号码：72874526

第 0110 号

付款人	全　　称	图宝商贸股份有限公司	收款人	全　　称	北京海淀水务有限责任公司
	账　　号	0200007609047657440		账　　号	0200007609047656789
	开户银行	工商银行紫竹院支行		开户银行	北京银行西客站支行

金额	人民币（大写）	千	百	十	万	千	百	十	元	角	分
	壹万零玖佰元整			¥	1	0	9	0	0	0	0

款项内容	水费	委托收款凭据名称	增值税专用发票	附寄单证张数	2

备注：

（印章：北京银行西客站支行 2021.10.10 转讫）

收款人开户行盖章

2021 年 10 月 10 日

此联付款人开户银行给付款人按时付款的通知

1－1－3　水费发票（增值税专用发票）

1100151140

北京增值税专用发票

北京（全国统一发票监制章 国家税务总局监制）

发票联

№ 46963169　1100151140　46963169

教学专用

机器编号：982666612366

开票日期：2021年10月10日

税总函[2016]××号××××公司

购买方	名　　称：图宝商贸股份有限公司 纳税人识别号：91110108590622319X 地　址、电　话：北京市海淀区中关村大街甲59号文化大厦666室010-62515479 开户行及账号：中国工商银行紫竹院支行0200007609047657440				密码区	172312-4-275〈1+46*54* 82*59* 181321〉〈8182*59*09618153〈/ 〈4〈3*2702-9〉9*+153〈/0 〉2-3 *08/4〉*〉〉2-3*0/9/〉〉25-275〈1	
货物或应税劳务、服务名称	规格型号	单位	数量	单价	金额	税率	税额
*自来水*水费		吨	1000	10.00	10,000.00	9%	900.00
合　　计					¥10,000.00		¥900.00
价税合计（大写）	⊗ 壹万零玖佰元整				（小写）¥10,900.00		
销售方	名　　称：北京海淀水务有限责任公司 纳税人识别号：9111010875010647XN 地　址、电　话：北京市海淀区西四环北路9号（鑫泰大厦341室） 开户行及账号：北京银行西客站支行0200007609047656789				备注	校验码 52118 0281[illegible] 08248 6538[illegible]	

收款人：　　复核：　　开票人：　　销售方：（章）

（北京海淀水务有限责任公司 9111010875010647XN 发票专用章）

第三联：发票联　购买方记账凭证

1－1－4　各部门用水量记录表

各部门用水量记录表

2021年10月10日

部门	耗用量（吨）
经营部门	700
管理部门	300
合计	1000

制单：孔威

1－1－5　银行付款凭证

同城委托收款凭证（付款通知）

科技伴随 高效学习

特约

委收号码：25141609

委托日期　2021　年　11　月　10　日　　　第 1110 号

付款人	全　称	图宝商贸股份有限公司	收款人	全　称	国网北京市电力公司海淀供电公司
	账　号	0200007609047657440		账　号	0200007609047634314
	开户银行	工商银行紫竹院支行		开户银行	北京银行西直门支行

金额	人民币（大写）	千	百	十	万	千	百	十	元	角	分
	玖万零肆佰元整			¥	9	0	4	0	0	0	0

款项内容	电费	委托收款凭据名称	增值税专用发票	附寄单证张数	2

备注：

北京银行西直门支行
2021.11.10
转讫

收款人开户行盖章

2021　年　11　月　10　日

此联付款人开户银行给付款人按时付款的通知

- - - - - - - - - - - - - - - - - - - -

1－1－6　电费发票（增值税专用发票）

税总函[2016]××号××××公司

1100151140　　　**北京增值税专用发票**　　　№ 18638811　1100151140 18638811

教学专用

北京 全国统一发票监制章 国家税务总局监制

发票联

机器编号：661617200481　　　开票日期：2021年11月10日

购买方	名　　称：图宝商贸股份有限公司 纳税人识别号：91110108590622319X 地 址、电 话：北京市海淀区中关村大街甲59号文化大厦666室010-62515479 开户行及账号：中国工商银行紫竹院支行0200007609047657440	密码区	172312-4-275〈1+46*54* 82*59* 181321〉〈8182*59*09618153〈/ 〈4〈3*2702-9〉9*+153〈/0〉2-3 *08/4〉*〉〉2-3*0/9/〉〉25-275〈1

货物或应税劳务、服务名称	规格型号	单位	数量	单价	金额	税率	税额
*电力产品*电费		千瓦时	10000	0.80	8,000.00	13%	1,040.00
合　计					¥8,000.00		¥1,040.00
价税合计（大写）	⊗ 玖仟零肆拾元整				（小写）¥9,040.00		

销售方	名　　称：国网北京市电力公司海淀供电公司 纳税人识别号：911100008013656325 地 址、电 话：北京市西城区樱桃二条7号。010-28822260 开户行及账号：北京银行西直门支行0200007609047634314	备注	校验码 52118 02817 08348 65046 国网北京市电力公司海淀供电公司 911100008013656325 发票专用章

收款人：郭典　　　复核：　　　开票人：郭典　　　销售方：（章）

第三联：发票联　购买方记账凭证

1-1-7　各部门用电量记录表

各部门用水量记录表

2021年11月10日

部门	耗用量（千瓦时）
经营部门	6000
管理部门	4000
合计	10000

制单：孔威

1-1-8　普通发票

通用机打卷式发票

发票代码：411022878033

发票号码：78225612

[redacted] 收款单位：北京京东金禾贸易有限公司 [redacted]

付款单位(个人)

开票日期：2021年12月10日22时54分

发票号：78225612

付款单位：图宝商贸股份有限公司

项目	单价	数量	金额
转印纸*A4打印纸	180.00	70	12,600.0
自来水笔*签字笔	27.00	200	5,400.00
用于书写本册*笔记本	25.00	80	2,000.00

除付款单位外手填无效

备注：

原总合计：20,000.00　　折让：

合计（小写）：¥20,000.00

合计（大写）：贰万元整

税控码：10555893488979098525

机器编号：05690819112116[illegible]

收款单位：北京京东金禾贸易有限公司

收款员：京东商城

税号：91110115MA00[illegible]

1－1－9　支票存根

中国工商银行
转账支票存根

10201120
27433329

附加信息

出票日期 2021 年 12 月 10 日

收款人：	北京京东金禾贸易有限公司
金　额：	¥20,000.00
用　途：	购买办公用品

单位主管 林帅　会计 孔威

××印务有限公司·××年印制

1－1－10　各部门耗用办公用品汇总表

各部门耗用办公用品汇总表

2021年12月10日

部门	领用金额（元）
经营部门	12000
管理部门	8000
合计	20000

制单：孔威

1－1－11　银行汇票结算联

中国工商银行

银行汇票（解讫通知）3

10200040
08178966

提示付款期限自出票之日起一个月

出票日期（大写）	贰零贰零 年 壹拾贰 月 贰拾捌 日
代理付款行	工商银行紫竹院支行　行号：260043984713
收款人	郑新达科技有限公司
出票金额	人民币（大写）壹佰万元整
实际结算金额	人民币（大写）玖拾壹万伍仟叁佰元整

亿	千	百	十	万	千	百	十	元	角	分
		¥	9	1	5	3	0	0	0	0

申请人：图宝商贸股份有限公司　　账号：0200007609047657440

出票行：工商银行紫竹院支行　　行号：260043984713

备注：

密押：

多余金额

千	百	十	万	千	百	十	元	角	分
		¥	8	4	7	0	0	0	0

退回多余金额已收入你账户内。

出票行签章　（印章：中国工商银行股份有限公司 260043984713 汇票专用章）

2020 年 12 月 28 日

此联由出票行结清多余款后交申请人

1－1－12　增值税专用发票

1100191140

北京增值税专用发票

发票联

№ 80315269　1100191140　80315269

机器编号：982888812388　　开票日期：2021年03月14日

购买方
名　　　称：图宝商贸股份有限公司
纳税人识别号：91101-8590622319X
地 址、电 话：北京海淀区中关村大街甲59号文化大厦666室010-62515479
开户行及账号：工商银行紫竹院支行0200007609047657440

密码区
—810556*39-5066*059702#2149
%-554*558#76#*654484617>8%6-
#*#1%7722572>9*19—0-#677>65
-3#65-064%%38-2%84>86*316-22

货物或应税劳务、服务名称	规格型号	单位	数量	单价	金额	税率	税额
红外线测距仪	FU-PD-23	件	1000	810.00	810,000.00	13%	105,300.00
合　　计					¥810,000.00		¥105,300.00
价税合计（大写）	⊗ 玖拾壹万伍仟叁佰元整				（小写）¥915,300.00		

销售方
名　　　称：郑新达科技有限公司
纳税人识别号：914103MA9G08C593
地 址、电 话：郑州市金水区人民路136号0371-6336059
开户行及账号：中国银行股份有限公司郑州农业路支行248136987862

备注：校验码 52118 02817 08248 65199　（印章：郑新达科技有限公司 914103MA9G08C593 发票专用章）

收款人：高新　　复核：李欣　　开票人：张克　　销售方：（章）

第三联：发票联　购买方记账凭证

税总函〔202X〕××号××××公司

1-1-13 商品入库单

入 库 单

No. 86423547

供货单位：郑新达科技有限公司　　2021 年 03 月 15 日

编号	品名	规格	单位	数量	单价	金额	备注
00101	红外线测距仪	FU-PD-23	件	1000	810.00	810,000.00	
合				计		¥810,000.00	

仓库主管：梁国　　记账：张克　　保管：罗文　　经手人：罗文　　制单：罗文

1-1-14 银行汇票余款转回联

中国工商银行

银行汇票（多余款 收账通知） 4

10200040
08178966

出票日期（大写）：贰零贰零 年 壹拾贰 月 贰拾捌 日

代理付款行：工商银行紫竹院支行　　行号：260043984713

提示付款期限自出票之日起一个月

收款人：郑新达科技有限公司

出票金额：人民币（大写）壹佰万元整

实际结算金额：人民币（大写）玖拾壹万伍仟叁佰元整

亿	千	百	十	万	千	百	十	元	角	分
		¥	9	1	5	3	0	0	0	0

申请人：图宝商贸股份有限公司　　账号：0200007609047657440

出票行：工商银行紫竹院支行　　行号：260043984713

备注：

密押：

多余金额

千	百	十	万	千	百	十	元	角	分
		¥	8	4	7	0	0	0	0

退回多余金额已收入你账户内。

出票行签章

中国工商银行股份有限公司 260043984713 汇票专用章

2020 年 12 月 28 日

此联由出票行结清多余款后交申请人

1-1-15 销售发票（增值税专用发票）

税总函〔202X〕××号×××公司

1100191140　　　**北京　增值税专用发票**　　　№ 42791968　　1100191140　42791968

科技伴随　高效学习

此联不作报销、扣税凭证使用

机器编号：982888812388　　　　开票日期：2021年03月18日

购买方	名　　称：北京迅达电子有限公司 纳税人识别号：911101081011420926 地 址、电 话：北京市海淀区丰贤中路7号楼四层010-88386790 开户行及账号：中国工商银行股份有限公司北京海淀支行9558850200000599926	密码区	87-*446819938#16#1*32#55>3%7 9940#179#141903**24*729225#3 23-867823%1%>0-41#630289->75 %0-9595123289726-%0722642043

货物或应税劳务、服务名称	规格型号	单位	数量	单价	金额	税率	税额
红外线测距仪	FU-PD-23	件	1500	1,200.00	1,800,000.00	13%	234,000.00
合　计					¥1,800,000.00		¥234,000.00
价税合计（大写）	⊗ 贰佰零叁万肆仟元整				（小写）¥2,034,000.00		

销售方	名　　称：图宝商贸股份有限公司 纳税人识别号：91101-8590622319X 地 址、电 话：北京海淀区中关村大街甲59号文化大厦666室010-62515479 开户行及账号：工商银行紫竹院支行0200007609047657440	备注	校验码 52118 02817 08248 65199 （图宝商贸股份有限公司 91101-8590622319X 发票专用章）

收款人：郭典　　复核：孔威　　开票人：徐妯　　销售方：（章）

第一联：记账联　销售方记账凭证

1-1-16 商品出库单

科技伴随　高效学习

出　库　单　　　No. 50923845

购货单位：北京迅达电子有限公司　　　2021 年 03 月 18 日

编号	品名	规格	单位	数量	单价	金额	备注
00101	红外线测距仪	FU-PD-23	件				
合				计			

第一联　存根联

仓库主管：黄柏　　记账：刘焕　　保管：张笑玮　　经手人：张笑玮　　制单：张笑玮

1-1-17 欠款凭据

欠款单

今欠国宝商贸股份有限公司（税号：911018590622319X）货款，人民币（大写）：贰佰零叁万肆仟元整（小写：2 034 000.00），该货款约定于 2022 年 12 月 31 日前还清，如有违约，同意按照欠款金额的 0.5%/天加罚滞纳金。

特立此单

欠款单位：北京迅达电子有限公司　　信用代码：911101081011420926

签　　字：周婵　　日　　期：2021 年 3 月 18 日

（印章：北京迅达电子有限公司）

1-1-18 增值税专用发票

1100191140

北京增值税专用发票

（印章：全国统一发票监制章 北京 国家税务总局监制）

发票联

№ 23133752　1100191140　23133752

机器编号：982888812388　　开票日期：2021年04月11日

购买方　名　　称：图宝商贸股份有限公司
纳税人识别号：91101-8590622319X
地 址、电 话：北京海淀区中关村大街甲59号文化大厦666室010-62515479
开户行及账号：工商银行紫竹院支行0200007609047657440

密码区：7#5**8*046-56433-4*5%%7#6#05 1371>-71#5245#8>—9473>5—5- 2-61*>41-*%5>#9%##362*2>42>6 5*60*95057*#7>3%-%865>94#704

货物或应税劳务、服务名称	规格型号	单位	数量	单价	金额	税率	税额
红外线测距仪	FU-PD-23	件	2000	850.00	1,700,000.00	13%	221,000.00
合　　计					¥1,700,000.00		¥221,000.00
价税合计（大写）	⊗ 壹佰玖拾贰万壹仟元整				（小写）¥1,921,000.00		

销售方　名　　称：润佳科技股份有限公司
纳税人识别号：110105018087351
地 址、电 话：北京市海淀区车公庄西路乙19号华通大厦B座010-88386721
开户行及账号：中国工商银行股份有限公司北京海淀支行9558850200000598007

备注：校验码 52118 02817 08248 65199

（印章：润佳科技股份有限公司 110105018087351 发票专用章）

收款人：李华　　复核：孙婉　　开票人：吴姣　　销售方：（章）

税总函[202X]××号×××公司

第三联：发票联　购买方记账凭证

1－1－19　付款通知书

科技伴随 高效学习

中国工商银行　付款通知书

日期：2021 年 04 月 11 日

机构号：423173　　交易代码：746375

单位名称 图宝商贸股份有限公司	
账号 0200007609047657440	
摘要 支付红外线测距仪货款及相关税费	
金额合计	¥1 921 000.00
金额合计（大写）	壹佰玖拾贰万壹仟元整

中国工商银行
北京紫竹院支行
2021.04.11
业务受理专用章

第二联 回单

注：此付款通知书加盖我行业务公章方有效。

流水号：786815831040　　经办：

1－1－20　商品入库单

科技伴随 高效学习

入　库　单

No. 73272998

供货单位：润佳科技股份有限公司　　2021 年 04 月 11 日

编号	品名	规格	单位	数量	单价	金额	备注
00101	红外线测距仪	FU-PD-23	件	2000	850.00	1,700,000.00	
合				计		¥1,700,000.00	

仓库主管：周石　　记账：孔威　　保管：刘凯心　　经手人：刘凯心　　制单：刘凯心

1-1-21 商业承兑汇票结算联

中国工商银行 **商业承兑汇票**（存 根） 3

10201160
53882505

出票日期（大写） 贰零贰壹 年 零陆 月 零叁拾 日

付款人	全 称	图宝商贸股份有限公司	收款人	全 称	益康医疗器械实业有限公司
	账 号	0200007609047657440		账 号	9558850200000597358
	开户银行	中国工商银行北京紫竹院支行		开户银行	中国工商银行股份有限公司北京海淀支行

出票金额	人民币（大写） 壹拾陆万玖仟伍佰元整	亿	千	百	十	万	千	百	十	元	角	分
				¥	1	6	9	5	0	0	0	0

汇票到期日（大写）	贰零贰壹年壹拾贰月叁拾壹日	付款人开户行	行号	260043984713
交易合同号码	95202786		地址	北京海淀区中关村大街甲59号文化大厦666室

备注

图宝商贸股份有限公司 财务专用章　林帅 印

此联出票人存查

1-1-22 增值税专用发票

1100191140

北京增值税专用发票

发票联

№ 67673943　1100191140　67673943

机器编号：982888812388　开票日期：2021年06月30日

购买方	名 称：图宝商贸股份有限公司 纳税人识别号：91101-8590622319X 地 址、电 话：北京海淀区中关村大街甲59号文化大厦666室010-62515479 开户行及账号：工商银行紫竹院支行0200007609047657440	密码区	#45034580>6787985#59>-5>2010 15>9402##0%%2%59%822#4*#2767 59##4>*8*-*%67059>54%02599#3 716%-%72659-2891246*#0#12990

货物或应税劳务、服务名称	规格型号	单位	数量	单价	金额	税率	税额
脉冲治疗仪	PF600	件	300	500.00	150,000.00	13%	19,500.00
合　　计					¥150,000.00		¥19,500.00
价税合计（大写）	⊗ 壹拾陆万玖仟伍佰元整				（小写）¥169,500.00		

销售方	名 称：益康医疗器械实业有限公司 纳税人识别号：110106017622892 地 址、电 话：北京市海淀区西直门北大街32号010-88267721 开户行及账号：中国工商银行股份有限公司北京海淀支行9558850200000597358	备注	校验码 52118 02817 08248 65199 益康医疗器械实业有限公司 110106017622892 发票专用章

收款人：华茵　复核：周石　开票人：赵雄　销售方：（章）

税总函[202X]××号×××公司

第三联：发票联 购买方记账凭证

1－1－23　商品入库单

入　　库　　单

No. 93598076

供货单位：益康医疗器械实业有限公司　　2021 年 06 月 30 日

编　号	品　　名	规　格	单位	数　量	单　价	金　　额	备　注
00306	脉冲治疗仪	PF600	件	300	500.00	150,000.00	
合				计		¥150,000.00	

仓库主管：周石　　记账：孔威　　保管：刘凯心　　经手人：刘凯心　　制单：刘凯心

1－1－24　销售发票（增值税专用发票）

1100191140　　**北京　增值税专用发票**　　№ 24818252　　1100191140　24818252

北京 国家税务总局监制

此联不作报销、扣税凭证使用

机器编号：982888812388　　开票日期：2021年06月30日

税总函[202X]××号×××公司

购买方	名　　称：展图工程技术有限公司 纳税人识别号：911101060157332698 地 址、电 话：北京市海淀区华通大厦B座南塔14层010-81867902 开户行及账号：招商银行股份有限公司北京海淀支行110920264310301	密码区	8->2##83>80-39>40*43127*#>># 5%2#7*94#>026-269#108472#049 #90447*217739-67%13-3%-493#* 875#12619%—2-62839986#0—63

货物或应税劳务、服务名称	规格型号	单位	数量	单价	金额	税率	税额
红外线测距仪	FU-PD-23	件	1800	1,180.00	2,124,000.00	13%	276,120.00
合　　计					¥2,124,000.00		¥276,120.00
价税合计（大写）	⊗ 贰佰肆拾万零壹佰贰拾元整				（小写）¥2,400,120.00		

销售方	名　　称：图宝商贸股份有限公司 纳税人识别号：91101-8590622319X 地 址、电 话：北京海淀区中关村大街甲59号文化大厦666室010-62515479 开户行及账号：工商银行紫竹院支行0200007609047657440	备注	校验码 52118 02817 08248 65199 （印章：91101-8590622319X 发票专用章）

收款人：郭典　　复核：孔威　　开票人：徐妯　　销售方：（章）

第一联：记账联　销售方记账凭证

1－1－25　银行进账单

中国工商银行　进账单（收账通知） 3

科技伴随 高效学习

2021 年 06 月 30 日　　№ 93435412

出票人	全　称	展图工程技术有限公司	收款人	全　称	图宝商贸股份有限公司
	账　号	110920264310301		账　号	0200007609047657440
	开户银行	招商银行股份有限公司北京海淀支行		开户银行	工商银行紫竹院支行

金额	人民币（大写）	亿	千	百	十	万	千	百	十	元	角	分
	贰佰肆拾万零壹佰贰拾元整		¥	2	4	0	0	1	2	0	0	0

票据种类	支票	票据张数	1
票据号码	1020112020450129		

中国工商银行
北京紫竹院支行
2021.06.30
业务受理专用章

复核 陈曦　　记账 孔威　　收款人开户银行签章

此联是收款人开户银行交给收款人的收账通知

1－1－26　商品出库单

科技伴随 高效学习

出　　库　　单　　No. 24601611

购货单位：展图工程技术有限公司　　2021 年 06 月 30 日

编　号	品　名	规　格	单位	数　量	单　价	金　额	备　注
00101	红外线测距仪	FU-PD-23	件				
合　计							

第一联 存根联

仓库主管：周石　　记账：孔威　　保管：刘凯心　　经手人：刘凯心　　制单：刘凯心

1－1－27 销售发票（增值税专用发票）

1100191140　　**北京　增值税专用发票**　　№ 77035217　1100191140　77035217

机器编号：982888812388　　此联不作报销、扣税凭证使用　　开票日期：2021年06月30日

购买方	名　　称：首安水利有限公司 纳税人识别号：911101150110106017 地 址、电 话：北京市海淀区海淀路19号2303房间010-62529868 开户行及账号：招商银行股份有限公司北京海淀支行110920264310708				密码区	55*>68>*720#*%8606-4%7>74>9% %#4-58329*25181833#*22-4>1*- -*-187-70>412*7-54693%502%56 07*2#%41725*594-388#796>8617	
货物或应税劳务、服务名称	规格型号	单位	数量	单价	金额	税率	税额
红外线测距仪	FU-PD-23	件	100	1,300.00	130,000.00	13%	16,900.00
合　　计					¥130,000.00		¥16,900.00
价税合计（大写）	⊗ 壹拾肆万陆仟玖佰元整				（小写）¥146,900.00		
销售方	名　　称：图宝商贸股份有限公司 纳税人识别号：91101-8590622319X 地 址、电 话：北京海淀区中关村大街甲59号文化大厦666室010-62515479 开户行及账号：工商银行紫竹院支行0200007609047657440				备注	校验码 52118 02817 08248 65199 （发票专用章 91101-8590622319X）	

收款人：郭典　　复核：孔威　　开票人：徐妯　　销售方：（章）

税总函［202X］××号×××公司

第一联：记账联　销售方记账凭证

1－1－28 银行进账单

中国工商银行　进账单（收账通知）　3

2021 年 06 月 30 日　　№ 94697901

出票人	全　　称	首安水利有限公司	收款人	全　　称	图宝商贸股份有限公司
	账　　号	110920264310708		账　　号	0200007609047657440
	开户银行	招商银行股份有限公司北京海淀支行		开户银行	工商银行紫竹院支行
金额	人民币（大写）	壹拾壹万陆仟玖佰元整		亿千百十万千百十元角分	¥ 1 1 6 9 0 0 0 0
票据种类	支票	票据张数	1		
票据号码	1020112004920061				

中国工商银行 北京紫竹院支行 2021.06.30 业务受理专用章

复核 陈曦　　记账 孔威　　收款人开户银行签章

此联是收款人开户银行交给收款人的收账通知

1-1-29 商品出库单

科技伴随 高效学习

出　　库　　单　　No. 79562975

购货单位：首安水利有限公司　　2021 年 06 月 30 日

编　号	品　名	规　格	单位	数　量	单　价	金　额	备　注
00101	红外线测距仪	FU-PD-23	件				
合				计			

第一联　存根联

仓库主管：周石　　记账：孔威　　保管：刘凯心　　经手人：刘凯心　　制单：刘凯心

1-1-30 销售发票（增值税专用发票）

1100191140　　**北京　增值税专用发票**　　№ 57122730　1100191140　57122730

科技伴随 高效学习

此联不作报销、扣税凭证使用

机器编号：982888812388　　开票日期：2021年06月30日

购买方	名　　称：倍康医疗器械有限公司 纳税人识别号：110106017412630 地 址、电 话：北京市海淀区海淀路20号京华大厦010-62526832 开户行及账号：招商银行股份有限公司北京海淀支行110920264318623	密码区	16—*%-4*6>%#5-*686886821>8# 92##5%296>56-%809-6229903#8# 2>76*29#>7596%1***3>114**>4% #>2330>21—8064#18*#9694142>

货物或应税劳务、服务名称	规格型号	单位	数量	单价	金额	税率	税额
脉冲治疗仪	PF600	件	400	800.00	320,000.00	13%	41,600.00
合　　计					¥320,000.00		¥41,600.00
价税合计（大写）	⊗ 叁拾陆万壹仟陆佰元整				（小写）¥361,600.00		

销售方	名　　称：图宝商贸股份有限公司 纳税人识别号：91101-8590622319X 地 址、电 话：北京海淀区中关村大街甲59号文化大厦666室010-62515479 开户行及账号：工商银行紫竹院支行0200007609047657440	备注	校验码 52118 02817 08248 65199

收款人：郭典　　复核：孔威　　开票人：徐妯　　销售方：（章）

税总函〔202X〕××号××××公司

第一联：记账联　销售方记账凭证

1－1－31　银行承兑汇票

中国工商银行银行承兑汇票 （卡　片）　1

10201150
52635356

出票日期（大写）　贰零贰壹　年　零陆　月　零叁拾　日

出票人全称	倍康医疗器械有限公司	收款人	全　称	图宝商贸股份有限公司
出票人账号	110920264318623		账　号	0200007609047657440
付款行全称	招商银行股份有限公司北京海淀支行		开户银行	工商银行紫竹院支行

出票金额	人民币（大写）	亿	千	百	十	万	千	百	十	元	角	分
	叁拾陆万壹仟陆佰元整			¥	3	6	1	6	0	0	0	0

汇票到期日（大写）	贰零贰壹年壹拾贰月贰拾玖日	付款行	行号	445004589660
承兑协议编号	94055537		地址	北京市海淀区海淀路20号京华大厦

本汇票请你行承兑，此项汇款我单位按承兑协议于到期日前足额交存你行，到期请予以支持。

倍康医疗器械有限公司 财务专用章　　王丽印

出票人签章

备注：

复核　陈曦　　记账　孔威

此联承兑行留存备查，到期支付票款时做借方凭证附件

1－1－32　商品出库单

出　　库　　单

No. 51177071

购货单位：倍康医疗器械有限公司　　　2021 年 06 月 30 日

编　号	品　名	规　格	单位	数　量	单　价	金　额	备　注
00306	脉冲治疗仪	PF600	件				
合			计				

第一联　存根联

仓库主管：周石　　记账：孔威　　保管：刘凯心　　经手人：刘凯心　　制单：刘凯心

1－1－33　贴现入账单

科技伴随 高效学习

中国工商银行　贴现凭证（收账通知）　4

申请日期　2021　年　08　月　08　日　　　　第　14　号

贴现汇票	种类	银行承兑汇票	号码	1020375018345613	持票人 名称	图宝商贸股份有限公司
	出票日	2021 年 06 月 30 日			账号	0200007609047657440
	到期日	2021 年 12 月 29 日			开户银行	工商银行紫竹院支行
汇票承兑人	名称	倍康医疗器械有限公司	账号	110920264318623	开户银行	招商银行海淀支行
汇票金额	人民币（大写）	叁拾陆万壹仟陆佰元整			千百十万千百十元角分	¥36160000
贴现率　每月	5 %	贴现利息	千百十万千百十元角分	¥723200	实付贴现金额	¥35436800
上述款项已入你单位账户。 银行盖章 2021 年 08 月 08 日			备注：			

中国工商银行
北京紫竹院支行
2021.08.08
业务受理专用章

此联银行给贴现申请人的收账通知

1－1－34　银行进账单

中国工商银行　进账单（收账通知）　3

科技伴随 高效学习

2021　年　06　月　30　日　　　　№ 48849340

出票人	全称	北京迅达电子有限公司	收款人	全称	图宝商贸股份有限公司
	账号	9558850200000599926		账号	0200007609047657440
	开户银行	中国工商银行股份有限公司北京海淀支行		开户银行	中国工商银行北京紫竹院支行
金额	人民币（大写）	贰佰万元整		亿千百十万千百十元角分	¥200000000
票据种类	支票	票据张数	1		
票据号码	1020112303730150				
复核　陈曦　　记账　孔威				收款人开户银行签章	

中国工商银行
北京紫竹院支行
2021.06.30
业务受理专用章

此联是收款人开户银行交给收款人的收账通知

1-1-35 银行汇款单

科技伴随 高效学习

中国工商银行 电汇凭证（收账通知）3

☑普通 ☐加急 委托日期 2021 年 09 月 21 日 NO 02742687

汇款人	全称	图宝商贸股份有限公司	收款人	全称	南京华电股份有限公司
	账号	0200007609047657440		账号	43010101090010386
	汇出地点	北京 省 北京 市/县		汇入地点	江苏 省 南京 市/县
汇出行名称		工商银行紫竹院支行	汇入行名称		工行汉中门支行
金额	人民币（大写）	壹拾伍万元整		千百十万千百十元角分	¥ 1 5 0 0 0 0 0 0
汇出行盖章		中国工商银行 紫竹院支行 2021.09.21 业务受理专用章	支付密码		440627686265
			附加信息及用途：		偿还上年应付款
					复核 陈曦 记账 孔威

此联给收款人的收账通知

1-1-36 增值税专用发票

1100191140 **北京增值税专用发票** № 59825450 1100191140 59825450

科技伴随 高效学习

北京 发票联

机器编号：982888812388 开票日期：2021年06月30日

购买方	名称：图宝商贸股份有限公司 纳税人识别号：91101-8590622319X 地址、电话：北京海淀区中关村大街甲59号文化大厦666室010-62515479 开户行及账号：工商银行紫竹院支行0200007609047657440	密码区	86-6912*7#17#87>3#%9#67-*2-* 753%#468>1%#%#1786078>30*#*2 #0#9-4—*939#052#67691348-88 -*5817-6905-68>-2320*>*22%#2

货物或应税劳务、服务名称	规格型号	单位	数量	单价	金额	税率	税额
自动数粒仪	SC-X0型	件	20	5,000.00	100,000.00	13%	13,000.00
合计					¥100,000.00		¥13,000.00
价税合计（大写）	⊗壹拾壹万叁仟元整				（小写）¥113,000.00		

销售方	名称：腾飞声讯有限公司 纳税人识别号：91110116M200DU1D27 地址、电话：北京市海淀区魏公村300号4012室010-88679021 开户行及账号：中国工商银行股份有限公司北京海淀支行9558850200000592699	备注	校验码 52118 02817 08248 65199 （发票专用章 91110116M200DU1D27）

收款人：何丽 复核：刘舰壮 开票人：杨秀 销售方：（章）

第三联：发票联 购买方记账凭证

税总函[202X]××号×××公司

1-1-37　商品入库单

入　库　单

科技伴随 高效学习

No. 08434922

供货单位：腾飞声讯有限公司　　2021 年 06 月 30 日

编号	品名	规格	单位	数量	单价	金额	备注
00401	自动数粒仪	SC-X0型	件	20	5,000.00	100,000.00	
合计						¥100,000.00	

仓库主管：周石　记账：孔威　保管：刘凯心　经手人：刘凯心　制单：刘凯心

1-1-38　欠款单

欠款单

今欠腾飞声讯有限公司（税号：91110116M200DU1D27）货款，人民币（大写）：陆万叁仟元整（小写：63 000.00），该货款约定于2022年12月31日前还清，如有违约，同意按照欠款金额的0.5%/天加罚滞纳金。

特立此单

欠款单位：国宝商贸股份有限公司　　　　信用代码：911018590622319X

签　　字：[illegible]林帅　　　　日　　期：2021年6月30日

1-1-39　计提坏账准备计算表

计提坏账准备计算表

编制单位：图宝商贸股份有限公司　　　　2021 年 6 月 30 日　　　　单位：元

项目	应收账款余额	计提比例	估计坏账损失	“坏账准备”科目金额	本期计提
1 年以内应收账款					
1 年以上应收账款					
合计					

财务主管：林帅　　　　复核：陈曦　　　　制单：孔威

1-1-40　计提存货跌价准备计算表

计提存货跌价准备计算表

单位：图宝商贸股份有限公司　　　　日期：2021 年 6 月 30 日　　　　单位：元

商品名称	账面余额	可变现净值	商品跌价	“存货跌价准备”余额	本期计提
合计					

财务主管：林帅　　　　复核：陈曦　　　　制单：孔威

1-1-41　第1单元科目汇总表

第1单元科目汇总表

期间：　　　　　　　　　　　　　　　　　　　　　　　　　　凭证编号：

凭证张数：　　　　其中作废凭证张数：　　　　　　　　　　　原始单据数：

科目名称	借方发生额	贷方发生额
合计		

制表人：　　　　　　　　　　　审核：　　　　　　　　　　　打印日期：

1.2 第 2 单元原始凭证

1-2-1 证券公司对账单

睿行证券股份有限公司 交割单对账单

科技伴随 高效学习

客户编号： 15135511　　姓名： 图宝商贸股份有限公司　　对账日期： 2021-03-25　　打印柜员： 0027

资金信息：

币种	资金余额	可用金额	可取现金	资产总值
人民币	0.00	50,000.00	0.00	50,000.00

流水明细：

日期	币种	业务标志	证券名称	证券代码	发生数量	成交均价	佣金	印花税	其他费	收付金额	资金余额	备注
2021-03-25	人民币	股票卖出	达天能源	012345	10000	5.02	150	50		50,000.00		

股票汇总资料

证券名称	证券代码	当前数	可用数	最新价	市值	币种
达天能源	012345	0	0	5.02	0.00	人民币

睿行证券股份有限公司 财务专用章

1-2-2 银行进账单

中国工商银行　进账单（收账通知） 3

教学专用

2021 年 03 月 25 日　　№ 83026897

出票人	全称	睿行证券股份有限公司	收款人	全称	图宝商贸股份有限公司
	账号	0316675058967215137		账号	0200007609047657440
	开户银行	中国工商银行郑州金水区金迅路支行		开户银行	中国工商银行北京紫竹院支行

金额	人民币（大写）	亿	千	百	十	万	千	百	十	元	角	分
	伍万元整				¥	5	0	0	0	0	0	0

票据种类	网上银行	票据张数	1
票据号码			

复核　　记账

中国工商银行
北京紫竹院支行
2021.03.25
业务受理专用章

收款人开户银行签章

此联是收款人开户银行交给收款人的收账通知

1－2－3　证券公司收取税费收据

睿行证券股份有限公司 收款收据　　No：63831530　　教学专用

2021 年 03 月 25 日

交款单位或个人	图宝商贸股份有限公司				
款项内容	税费			收款方式	代扣
人民币（大写）	贰佰元整				￥200.00
收款单位盖章		收款人签字	郭子涵	经办人	王浩宇

第三联　记账联

1－2－4　证券公司对账单

睿行证券股份有限公司 交割单对账单　　科技伴随 高效学习

客户编号：15135511　　姓名：图宝商贸股份有限公司　　对账日期：2021-05-20　　打印柜员：7746

资金信息：

币种	资金余额	可用金额	可取现金	资产总值
人民币	0.00	60,000.00	0.00	60,000.00

流水明细：

日期	币种	业务标志	证券名称	证券代码	发生数量	成交均价	佣金	印花税	其他费	收付金额	资金余额	备注
2021-05-20	人民币	股票买入	嘉华娱乐	004013	20000	3.00	180.00	0.00		60,180.00	0.00	

股票汇总资料

证券名称	证券代码	当前数	可用数	最新价	市值	币种
嘉华娱乐	004013	20000	20000	3.00	60,000.00	人民币

1-2-5 付款通知书

教学专用

中国工商银行 付款通知书

日期：2021 年 05 月 20 日

机构号：530670　　交易代码：481011

单位名称 图宝商贸股份有限公司			
账号 0200007609047657440			
摘要 支付股票价款以及相关费用			
		金额合计	¥60,180.00
金额合计（大写）	陆万零壹佰捌拾元整		

中国工商银行
北京紫竹院支行
2021.05.20
业务受理专用章

第二联 回单

注：此付款通知书加盖我行业务公章方有效。

流水号：969032381867　　经办：

1-2-6 证券公司收取税费收据

睿行证券股份有限公司 收款收据　　No：68047245

教学专用

2021 年 05 月 20 日

交款单位或个人	图宝商贸股份有限公司				
款项内容	手续费			收款方式	转账
人民币（大写）	壹佰捌拾元整				¥ 180.00
收款单位盖章	睿行证券股份有限公司 财务专用章	收款人签字	郭子涵	经办人	王浩宇

第三联 记账联

1-2-7 证券公司对账单

睿行证券股份有限公司 交割单对账单 科技伴随 高效学习

客户编号：15135511 姓名：图宝商贸股份有限公司 对账日期：2021-06-30 打印柜员：6814

资金信息：

币种	资金余额	可用金额	可取现金	资产总值
人民币	0.00	70,000.00	0.00	70,000.00

流水明细：

日期	币种	业务标志	证券名称	证券代码	发生数量	成交均价	佣金	印花税	其他费	收付金额	资金余额	备注

股票汇总资料

证券名称	证券代码	当前数	可用数	最新价	市值	币种
嘉华娱乐	004013	20000	20000	3.50	70,000.00	人民币

(印章：睿行证券股份有限公司 财务专用章)

1-2-8 股票市价

嘉华娱乐（004013）

3.50

+0.05 **+1.45%**

今 开	3.45	最 高	3.52	成交量	3.57万
昨 收	3.45	最 低	3.30	成交额	3.50亿
换手率	3.50%	振 幅	15.36%	总市值	69.35亿
市净率	1.36	市盈率	76.36	流通值	64.30亿
量 比	1.03	总股本	12.33	内 盘	13.62万
委 比	-	流通股	10.03	外 盘	9.48万

1－2－9　公允价值变动计算表

交易性金融资产公允价值变动计算表

编制单位：图宝商贸股份有限公司　　　　2021 年 6 月 30 日　　　　单位：元

项目	股票存量（股）	公允价值（每股）	账面价值（每股）	公允价值变动
嘉华娱乐股票				

制单人：　　　　　　　　　　　　　　　　复核人：

1－2－10　证券公司对账单

睿行证券股份有限公司 交割单对账单

客户编号：15135511　　姓名：图宝商贸股份有限公司　　对账日期：2021-08-10　　打印柜员：9203

资金信息：

币种	资金余额	可用金额	可取现金	资产总值
人民币	0.00	60,180.00	0.00	60,180.00

流水明细：

日期	币种	业务标志	证券名称	证券代码	发生数量	成交均价	佣金	印花税	其他费	收付金额	资金余额	备注
2021-08-10	人民币	股票卖出	嘉华娱乐	004013	5000	4.01	40.00	20.00	0.00	20,000.00	0.00	

股票汇总资料

证券名称	证券代码	当前数	可用数	最新价	市值	币种
嘉华娱乐	004013	15000	15000	4.01	60,180.00	人民币

1－2－11　银行进账单

中国工商银行　进账单（收账通知） 3

教学专用

№ 12651222

2021 年 08 月 10 日

出票人	全　称	睿行证券股份有限公司	收款人	全　称	图宝商贸股份有限公司
	账　号	0316675058967215137		账　号	0200007609047657440
	开户银行	中国工商银行郑州金水区金迅路支行		开户银行	中国工商银行北京紫竹院支行

金额	人民币（大写）	亿	千	百	十	万	千	百	十	元	角	分
	贰万元整				¥	2	0	0	0	0	0	0

票据种类	网上转账	票据张数	1
票据号码			

中国工商银行 北京紫竹院支行 2021.08.10 业务受理专用章

复核　　记账　　收款人开户银行签章

此联是收款人开户银行交给收款人的收账通知

1－2－12　证券公司收取税费收据

睿行证券股份有限公司 收款收据　　No：13051074 教学专用

2021 年 08 月 10 日

交款单位或个人	图宝商贸股份有限公司				
款项内容	税费			收款方式	代扣
人民币（大写）	陆拾元整				¥ 60.00
收款单位盖章	睿行证券股份有限公司 财务专用章	收款人签字	郭子涵	经办人	王浩宇

第三联 记账联

1－2－13　证券公司对账单

睿行证券股份有限公司 交割单对账单

科技伴随 高效学习

客户编号：15135511　　姓名：图宝商贸股份有限公司　　对账日期：2021-12-31　　打印柜员：1909

资金信息：

币种	资金余额	可用金额	可取现金	资产总值
人民币	0.00	75,000.00	0.00	75,000.00

流水明细：

日期	币种	业务标志	证券名称	证券代码	发生数量	成交均价	佣金	印花税	其他费	收付金额	资金余额	备注

股票汇总资料

证券名称	证券代码	当前数	可用数	最新价	市值	币种
嘉华娱乐	004013	15000	15000	5.00	75,000.00	人民币

证券股份有限公司 财务专用章

1－2－14　股票市价

嘉华娱乐（004013）

5.00

+0.85　+2.46%

今　开	4.80	最　高	5.10	成交量	5.02万
昨　收	4.80	最　低	4.70	成交额	3.50亿
换手率	3.49%	振　幅	16.22%	总市值	49.85亿
市净率	1.76	市盈率	80.01	流通值	44.89亿
量　比	1.43	总股本	14.00	内　盘	12.42万
委　比	-	流通股	10.03	外　盘	10.48万

1－2－15　公允价值变动计算表

交易性金融资产公允价值变动计算表

编制单位：图宝商贸股份有限公司　　　　2021 年 6 月 30 日　　　　单位：元

项目	股票存量 （股）	公允价值 （每股）	账面价值 （每股）	公允价值变动
嘉华娱乐股票				

制单人：　　　　　　　　　　　　复核人：

1－2－16　证券公司对账单

睿行证券股份有限公司 交割单对账单　　科技伴随 高效学习

客户编号：15135511　　姓名：图宝商贸股份有限公司　　对账日期：2021-05-05　　打印柜员：6533

资金信息：

币种	资金余额	可用金额	可取现金	资产总值
人民币	0.00	90,000.00	0.00	90,000.00

流水明细：

日期	币种	业务标志	证券名称	证券代码	发生数量	成交均价	佣金	印花税	其他费	收付金额	资金余额	备注
2021-05-05	人民币	股票买入	邦净环保	001314	30000	3.00	270.00	0.00		90,270.00	0.00	

股券汇总资料

证券名称	证券代码	当前数	可用数	最新价	市值	币种
邦净环保	001314	30000	30000	3.00	90,000.00	人民币

睿行证券股份有限公司 财务专用章

1－2－17　付款通知书

教学专用

中国工商银行　付款通知书

日期：2021 年 05 月 05 日

机构号：530670　　　　交易代码：163946

单位名称	图宝商贸股份有限公司		
账号	0200007609047657440		
摘要	支付M公司股票价款及手续费		
		金额合计	¥90,270.00
金额合计（大写）	玖万零贰佰柒拾元整		

中国工商银行
北京紫竹院支行
2021.05.05
业务受理专用章

第二联　回单

注：此付款通知书加盖我行业务公章方有效。

流水号：631067742188　　　　经办：

1－2－18　证券公司收取税费收据

睿行证券股份有限公司 收款收据　　No：39740203

教学专用

2021 年 05 月 05 日

交款单位或个人	图宝商贸股份有限公司		
款项内容	手续费	收款方式	转账
人民币（大写）	贰佰柒拾元		¥ 270.00
收款单位盖章	睿行证券股份有限公司 财务专用章	收款人签字	郭子涵
		经办人	王浩宇

第三联　记账联

1－2－19　证券公司对账单

睿行证券股份有限公司 交割单对账单　　　科技伴随 高效学习

客户编号：15135511　　姓名：图宝商贸股份有限公司　　对账日期：2021-06-30　　打印柜员：6748

资金信息：

币种	资金余额	可用金额	可取现金	资产总值
人民币	0.00	78,000.00	0.00	78,000.00

流水明细：

日期	币种	业务标志	证券名称	证券代码	发生数量	成交均价	佣金	印花税	其他费	收付金额	资金余额	备注

股票汇总资料

证券名称	证券代码	当前数	可用数	最新价	市值	币种
邦净环保	001314	30000	30000	2.60	78,000.00	人民币

1－2－20　股票市价

邦净环保（001314）

2.60

-0.17　-0.67%

今　开	2.65	最　高	2.79	成交量	4.79万
昨　收	2.69	最　低	4.30	成交额	2.78亿
换手率	2.77%	振　幅	18.43%	总市值	35.69亿
市净率	0.96	市盈率	53.81	流通值	29.89亿
量　比	0.83	总股本	12.00	内　盘	10.42万
委　比	-	流通股	11.23	外　盘	8.48万

1－2－21　公允价值变动计算表

其他权益工具投资公允价值变动计算表

单位：图宝商贸股份有限公司　　2021 年 6 月 30 日　　单位：元

项目	股票存量（股）	公允价值（每股）	账面价值（每股）	公允价值变动
邦净环保股票				

制单人：　　复核人：

1－2－22　债权投资利息计算表

债权投资利息计算表

单位：图宝商贸股份有限公司　　　　2021 年 6 月 30 日　　　　单位：元

项目	期初账面价值	投资收益（3%）	票面利息	利息调整摊销
一次付息债券				

制单人：　　　　复核人：

1－2－23　债券购入凭证

郑新达股份有限公司 收款收据　　No：65984211

2021 年 07 月 01 日

交款单位或个人	图宝商贸股份有限公司				
款项内容	支付3年期，面值为300000元，票面利率5%的债券价款			收款方式	转账
人民币（大写）	叁拾万元整				¥ 300,000.00
收款单位盖章	郑新达股份有限公司 财务专用章	收款人签字	马柏	经办人	杨伟

第三联 记账联

1－2－24　付款通知书

中国工商银行　付款通知书

日期：2021 年 07 月 01 日

机构号：848555　　　　交易代码：798996

单位名称 图宝商贸股份有限公司	
账号 0200007609047657440	
摘要 支付债券价款 （中国工商银行 北京紫竹院支行 2021.07.01 业务受理专用章）	
金额合计	¥300,000.00
金额合计（大写）	叁拾万元整

第二联 回单

注：此付款通知书加盖我行业务公章方有效。

流水号：112298814307　　　　经办：郎红

1－2－25　债权投资利息计算表

债权投资利息计算表

编制单位：图宝商贸股份有限公司　　　　2021 年 12 月 31 日　　　　单位：元

项目	期初账面价值	投资收益（3%）	票面利息	利息调整摊销
一次付息债券				

制单人：　　　　　　　　复核人：

1－2－26　债权投资利息计算表

债权投资利息计算表

编制单位：图宝商贸股份有限公司　　　　2021 年 12 月 31 日　　　　单位：元

项目	期初账面价值	投资收益（2.5%）	票面利息	利息调整摊销
分期付息债券				

制单人：　　　　　　　　复核人：

1－2－27　子公司公告

北京迪发股份有限公司
关于分配 2021 年度现金股利的公告

本公司董事会及全体董事保证本公告内容不存在任何虚假记载、误导性陈述或者重大遗漏，并对其内容的真实性、准确性和完整性承担个别及连带责任。

根据董事会及全体董事决议，北京迪发股份有限公司决定向全体股东分配现金股利 20000.00 元，每股 0.4 元。

北京迪发股份有限公司

2021 年 12 月 30 日

（印章：北京迪发股份有限公司）

1－2－28 应收股利计算表

应收股利计算表

编制单位：图宝商贸股份有限公司　　　　2021 年 12 月 31 日　　　　单位：元

项目	持股数量	每股股利	应收股利
子公司分配股利			

审核：　　　　　　　　　　　　制单：

1－2－29 银行进账单

中国工商银行　进账单（收账通知） 3

教学专用

2021 年 12 月 31 日　　　　№ 29556021

出票人	全　称	北京迪发股份有限公司	收款人	全　称	图宝商贸股份有限公司
	账　号	5245986176614586889		账　号	0200007609047657440
	开户银行	中国工商银行北京达逸路支行		开户银行	中国工商银行北京紫竹院支行

金额	人民币（大写）	亿	千	百	十	万	千	百	十	元	角	分
	壹万肆仟元整				¥	1	4	0	0	0	0	0

票据种类	网上转账	票据张数	1
票据号码			

中国工商银行
北京紫竹院支行
2021.12.31
业务受理专用章

复核　　记账　　　　收款人开户银行签章

此联是收款人开户银行交给收款人的收账通知

1－2－30　证券公司对账单

睿行证券股份有限公司 交割单对账单

科技伴随 高效学习

客户编号：15135511　　姓名：图宝商贸股份有限公司　　对账日期：2021-07-01　　打印柜员：7984

资金信息：

币种	资金余额	可用金额	可取现金	资产总值
人民币	0.00	100,000.00	0.00	100,000.0

流水明细：

日期	币种	业务标志	证券名称	证券代码	发生数量	成交均价	佣金	印花税	其他费	收付金额	资金余额	备注
2021-07-01	人民币	股票买入	润佳科技	010101	20000	5.00	1,000.00	0.00		101,000.00	0.00	

股东汇总资料

证券名称	证券代码	当前数	可用数	最新价	市值	币种
润佳科技	010101	20000	20000	5.00	100,000.00	人民币

（印章：睿行证券股份有限公司 财务专用章）

1－2－31　付款通知书

科技伴随 高效学习

中国工商银行　付款通知书

日期：2021 年 07 月 01 日

机构号：530670　　交易代码：103377

单位名称　图宝商贸股份有限公司

账号　0200007609047657440

摘要

支付润佳科技股票价款及交易费用

（印章：中国工商银行 紫竹院支行 2021.07.01 业务受理专用章）

金额合计　¥101,000.00

金额合计（大写）　壹拾万壹仟元整

第二联　回单

注：此付款通知书加盖我行业务公章方有效。

流水号：527679524640　　经办：

1－2－32 证券公司收取税费收据

睿行证券股份有限公司 收款收据 №：29494676

2021 年 07 月 01 日

交款单位或个人	图宝商贸股份有限公司				
款项内容	手续费			收款方式	转账
人民币（大写）	壹仟元整				¥ 1,000.00
收款单位盖章	（印章：睿行证券股份有限公司 财务专用章）	收款人签字	郭子涵	经办人	王浩宇

第三联 记账联

1－2－33 增值税专用发票

1100191140 **北京增值税专用发票** № 04364145

1100191140
04364145

发票联

机器编号：982888812388 开票日期：2021年12月19日

购买方	名　　称：图宝商贸股份有限公司 纳税人识别号：91101-8590622319X 地 址、电 话：北京海淀区中关村大街甲59号文化大厦666室010-62515479 开户行及账号：工商银行紫竹院支行0200007609047657440	密码区：5#841%>32*%6316>9519%01695#9 90846%%%68>3471635*34*%95996 4%-500175641-%5*768845*-0%4- 48##305*3>58>>46>74*42219242

货物或应税劳务、服务名称	规格型号	单位	数量	单价	金额	税率	税额
打印机	HP30	件	100	1,000.00	100,000.00	13%	13,000.00
合　　计					¥100,000.00		¥13,000.00
价税合计（大写）	⊗壹拾壹万叁仟元整				（小写）¥113,000.00		

销售方	名　　称：润佳科技股份有限公司 纳税人识别号：110105018087351 地 址、电 话：北京市海淀区车公庄西路乙19号华通大厦B座010-88386721 开户行及账号：中国工商银行股份有限公司北京海淀支行9558850200000598007	备注：校验码 52118 02817 08248 05199 （印章：润佳科技股份有限公司 110105018087351 发票专用章）

收款人：郑红　　复核：孙婉　　开票人：吴媖　　销售方：（章）

税总函［202X］××号×××××公司

第三联：发票联 购买方记账凭证

1－2－34 付款通知书

中国工商银行 付款通知书

日期：2021 年 12 月 19 日

机构号：530670　　交易代码：893078

单位名称	图宝商贸股份有限公司
账号	0200007609047657440
摘要	支付润佳科技的打印机货款及相关税费
金额合计	¥113,000.00
金额合计（大写）	壹拾壹万叁仟元整

中国工商银行
紫竹院支行
2021.12.19
业务受理专用章

第二联 回单

注：此付款通知书加盖我行业务公章方有效。

流水号：744419880202　　经办：

1－2－35 商品入库单

入 库 单

No. 79063140

供货单位：润佳科技股份有限公司　　2021 年 12 月 19 日

编号	品名	规格	单位	数量	单价	金额	备注
00204	打印机	HP60	件	100	1,000.00	100,000.00	
合计						¥100,000.00	

仓库主管：周石　记账：孔威　保管：刘凯心　经手人：刘凯心　制单：刘凯心

1－2－36　润佳科技股份有限公司 2021 年度利润表

利润表

单位：润佳科技股份有限公司　　2021 年 12 月　　单位：元

项目	本月金额	本年累计金额
一、营业收入	69 860	630 000
减：营业成本	43 260	450 000
税金及附加	268	3 960
销售费用	1 200	12 000
管理费用	900	9 000
财务费用	69	2 000
资产减值损失		
加：公允价值变动收益（损失以“—”填列）		
投资收益（损失以“—”填列）		6 960
其中：对联营企业和合营企业的投资收益		
二、营业利润（亏损以“—”号填列）	24 163	160 000
加：营业外收入		
减：营业外支出		
其中：非流动资产处置损失		
三、利润总额（亏损总额以“—”号填列）	24 163	160 000
减：所得税费用	6 040.75	40 000
四、净利润（净亏损以“—”号填列）	18 122.25	120 000
五、每股收益：		
（一）基本每股收益		
（二）稀释每股收益		

单位负责人：张占元　　财务主管：魏琪　　制表人：李真

1－2－37　投资收益计算表

投资收益计算表

单位：图宝商贸股份有限公司　　单位：元

润佳科技净利润（半年）	折旧调整（半年）	内部损益调整	调整后净利润	投资收益（20%）

审核：　　制单：

1-2-38　第 2 单元科目汇总表

第 2 单元科目汇总表

单位：元

期间：　　　　　　　　　　　　　　　　　　　　　　　　　　凭证编号：

凭证张数：　　其中作废凭证张数：　　　　　　　　　　　　　原始单据数：

科目名称	借方发生额	贷方发生额

制表人：　　　　　　　　审核：　　　　　　　　打印日期：

1.3 第3单元原始凭证

1-3-1 增值税专用发票

4100151140

河南 增值税专用发票

发票联

№ 44243476　4100151140

44243476

机器编号：982888812388

开票日期：2021年05月28日

税总函［2016］××号××××公司

购买方	名称：图宝商贸股份有限公司 纳税人识别号：91110108590622319X 地址、电话：北京市海淀区中关村大街甲59号文化大厦666室010-62515479 开户行及账号：中国工商银行北京紫竹院支行0200007609047657440			密码区	172312-4-275＜1+46*54* 82*59* 181321＞＜8182*59*09618153＜/ ＜4＜3*2702-9＞9*+153＜/0 ＞2-3 *08/4＞*＞＞2-3*0/9/＞＞25-275＜1		
货物或应税劳务、服务名称	规格型号	单位	数量	单价	金额	税率	税额
仓库保管设备			1	200,000.00	200,000.00	13%	26,000.00
合计					¥200,000.00		¥26,000.00
价税合计（大写）	⊗贰拾贰万陆仟元整				（小写）¥226,000.00		
销售方	名称：新乡机电设备商贸有限公司 纳税人识别号：914100001700384058 地址、电话：河南省新乡市解放路120号92855838 开户行及账号：工行新乡市格泽路支行6227000340345555593			备注	校验码 52118 02817 08248 65195		

收款人：　　复核：高挺　　开票人：胡浩然　　销售方：（章）

第三联：发票联　购买方记账凭证

教学专用

1-3-2 付款通知书

教学专用

中国工商银行　付款通知书

日期：2021 年 05 月 31 日

机构号：906612　　交易代码：584633

单位名称	图宝商贸股份有限公司
账号	0200007609047657440
摘要	支付仓库保管设备价款及相关税费。
	中国工商银行 北京紫竹院支行 2021.05.31 业务受理专用章
金额合计	¥226,000.00
金额合计（大写）	贰拾贰万陆仟元整

注：此付款通知书加盖我行业务公章方有效。

流水号：163654423888　　经办：

第二联　回单

1-3-3 设备验收单

设备验收单

供货单位：新乡机电设备商贸有限公司				
地址：河南省新乡市解放路 120 号				联系人：罗石 电话：92855838
设备名称	品牌型号	金额	数量（套）	验收情况
仓库保管设备	新乡机电定制	200 000.00	1	合格

供货单位：新乡机电设备商贸有限公司

验收人员签名：秦少军

验收单位：图宝商贸股份有限公司

日期：2021 年 5 月 31 日

1-3-4 增值税专用发票

北京增值税专用发票

发票联

1100191140 №90846715 1100191140 90846715

机器编号：982888812388 开票日期：2021年06月08日

购买方	名称：图宝商贸股份有限公司 纳税人识别号：91101-8590622319X 地址、电话：北京海淀区中关村大街甲59号文化大厦666室010-62515479 开户行及账号：工商银行紫竹院支行0200007609047657440	密码区：5#9*306%7%460653148-3%%11%18 >82140752%2*9#7%##90%#%0%1*% -%**>01*20875657>-26%8>#1>06 60*0924%17>2**%4#83>1749%974

货物或应税劳务、服务名称	规格型号	单位	数量	单价	金额	税率	税额
安装劳务费		次	1	5,000.00	5,000.00	13%	650.00
合计					¥5,000.00		¥650.00
价税合计（大写）	⊗伍仟陆佰伍拾元整				（小写）¥5,650.00		

销售方	名称：新乡机电设备商贸有限公司 纳税人识别号：914100001700384058 地址、电话：河南省新乡市解放路120号92855838 开户行及账号：工行新乡市格泽路支行6227000340345555593	备注：校验码 52118 0281[illegible] 08248 6519[illegible]

收款人：程雷 复核：高挺 开票人：胡浩然 销售方：（章）

第三联：发票联 购买方记账凭证

税总函〔202X〕××号××××公司

科技伴随 高效学习

1－3－5　付款通知书

教学专用

中国工商银行　付款通知书

日期：2021 年 06 月 08 日

机构号：530670　　交易代码：768223

单位名称 图宝商贸股份有限公司	
账号 0200007609047657440	
摘要 支付安装仓库保管设备劳务费	
中国工商银行 北京紫竹院支行 2021.06.08 业务受理专用章　金额合计	¥5,650.00
金额合计（大写）	伍仟陆佰伍拾元整

第二联　回单

注：此付款通知书加盖我行业务公章方有效。

流水号：346344634581　　经办：

1－3－6　安装工程验收单

安装工程验收单

建设单位：图宝商贸股份有限公司	工程名称：仓库保管设备安装
甲方：图宝商贸股份有限公司	工程地点：北京市海淀区中关村
乙方：新乡机电设备商贸有限公司	
验收地点：北京市海淀区中关村 59 号	验收日期：2021 年 6 月 9 日
验收项目： 仓库保管设备安装 2021 年 6 月 9 日	
建设单位意见： 完成合同约定工程实施内容，工程质量符合相关要求，同意验收。 郭春 图宝商贸股份有限公司 2021 年 6 月 9 日 签章	

1-3-7 增值税专用发票

4100151140

河南增值税专用发票

河南 国家税务总局监制

发票联

№ 79410016　4100151140　79410016

机器编号：982888812388　　开票日期：2021年06月25日

税总函[2016]××号××××公司

购买方	名　　称：图宝商贸股份有限公司 纳税人识别号：91110108590622319X 地址、电话：北京市海淀区中关村大街甲59号文化大厦666室010-62515479 开户行及账号：中国工商银行北京紫竹院支行0200007609047657440	密码区	172312-4-275〈1+46*54* 82*59* 181321〉〈8182*59*09618153〈/ 〈4〈3*2702-9〉9*+153〈/0 〉2-3 *08/4〉*〉〉2-3*0/9/〉〉25-275〈1

货物或应税劳务、服务名称	规格型号	单位	数量	单价	金额	税率	税额
行政管理设备		套	1	80,000.00	80,000.00	13%	10,400.00
合　计					¥80,000.00		¥10,400.00
价税合计（大写）	⊗ 玖万零肆佰元整				（小写）¥90,400.00		

销售方	名　　称：郑州扬奇商贸有限公司 纳税人识别号：91410102M474731874 地址、电话：郑州中原区睿一路161号59014697 开户行及账号：中国工商银行郑州中原区嘉虹路支行4725080006267436187	备注	校验码 52118 0281[illegible] 08248 6519[illegible] 郑州扬奇商贸有限公司 91410102M474731874 发票专用章

收款人：　　复核：黄柏　　开票人：杨伟　　销售方：（章）

第三联：发票联　购买方记账凭证

1-3-8 付款通知书

中国工商银行　付款通知书

日期：2021 年 06 月 25 日

机构号：530670　　交易代码：598309

单位名称	图宝商贸股份有限公司
账号	0200007609047657440
摘要	支付行政管理设备价款及相关税费。 中国工商银行 北京紫竹院支行 2021.06.25 业务受理专用章
金额合计	¥90,400.00
金额合计（大写）	玖万零肆佰元整

第二联　回单

注：此付款通知书加盖我行业务公章方有效。

流水号：911500650208　　经办：

1－3－9　设备验收单

教学专用

固定资产验收单

公司名称：图宝商贸股份有限公司

资产编号		资产名称	行政管理设备		
规格(编号)		资产代码	14801	管理人	孙婉
计量单位	套	单价(元)	¥80,000.00	金额(元)	¥80,000.00
出厂日期	2021 年 06 月 01 日	购置日期	2021 年 06 月 25 日		
生产厂家	郑州扬奇商贸有限公司	安装地点	北京市海淀区中关村大街甲59号文化大厦666室		
附件情况					

固定资产验收情况说明：

验收合格

验收确认：

合格

验收日期：　2021　年　06　月　25　日

管理部门负责人签字：　杨伟

公司总经理签字：　林帅

注：此表一式三份，使用部门、保管部门、财务部门各一份。

1－3－10　增值税专用发票

1100151140

北京　增值税专用发票

№ 63959830　1100151140　63959830

教学专用

此联不作报销、扣税凭证使用

机器编号：982888812388　　开票日期：2021年07月02日

税总函[2016]××号×××××公司

购买方	名　　称：郑州扬奇商贸有限公司 纳税人识别号：91410102M474731874 地 址、电 话：郑州中原区睿一路161号59014697 开户行及账号：中国工商银行郑州中原区嘉虹路支行4725080006267436187					密码区	172312-4-275＜1+46*54* 82*59* 181321＞＜8182*59*09618153＜/ ＜4＜3*2702-9＞9*+153＜/0 ＞2-3 *08/4＞*＞＞2-3*0/9/＞＞25-275＜1	
货物或应税劳务、服务名称	规格型号	单位	数量	单价	金额	税率	税额	
行政管理设备		台	1	16,000.00	16,000.00	13%	2,080.00	
合　　计					¥16,000.00		¥2,080.00	
价税合计（大写）	⊗ 壹万捌仟零捌拾元整				（小写）¥18,080.00			
销售方	名　　称：图宝商贸股份有限公司 纳税人识别号：91110108590622319X 地 址、电 话：北京市海淀区中关村大街甲59号文化大厦666室010-62515479 开户行及账号：中国工商银行北京紫竹院支行0200007609047657440					备注	校验码 52118 02817 08248 65199	

收款人：　　复核：孔威　　开票人：李芸　　销售方：（章）

第一联：记账联　销售方记账凭证

1－3－11　银行进账单

中国工商银行　进账单（收账通知）　3

教学专用

2021 年 07 月 02 日　　№ 30000468

出票人	全　称	郑州扬奇商贸有限公司	收款人	全　称	图宝商贸股份有限公司
	账　号	4725080006267436187		账　号	0200007609047657440
	开户银行	中国工商银行郑州中原区嘉虹路支行		开户银行	中国工商银行北京紫竹院支行
金额	人民币（大写）	壹万捌仟零捌拾元整			¥1808000（亿千百十万千百十元角分）
票据种类	网上转账	票据张数	1		
票据号码					
复核　记账					中国工商银行北京紫竹院支行 2021.07.02 业务受理专用章 收款人开户银行签章

此联是收款人开户银行交给收款人的收账通知

1－3－12　固定资产调拨单

固定资产调拨单

日期：2021年07月02日　　　　第 1 　号

接受投资单位名称		郑州扬奇商贸有限公司			投资单位	图宝商贸股份有限公司		
固定资产名称	规格型号	单位	数量	预计使用年限	已使用年限	原始价值	已提折旧	备注
行政管理设备		台	1	120（月）	10（月）	20000	1600	
技术鉴定					评估价值			

单位签章：　　　　投资单位签章：

1－3－13　增值税专用发票

4100191140　　**河南增值税专用发票**　　№ 03303964　4100191140 03303964

发票联

机器编号：982888812388　　　　开票日期：2021年08月23日

购买方	名　　称：图宝商贸股份有限公司 纳税人识别号：91101-8590622319X 地 址、电 话：北京海淀区中关村大街甲59号文化大厦666室010-62515479 开户行及账号：工商银行紫竹院支行0200007609047657440	密码区	04*—%6#7*0-8%1928%8-8326—% 487*43%383*4451>*5#9*6>9*4%6 503*%84*0322%14052*>5%075298 6#>%*-#%177*911*15-791611-81

货物或应税劳务、服务名称	规格型号	单位	数量	单价	金额	税率	税额
设备维修服务		次	1	3,000.00	3,000.00	13%	390.00
合　　计					¥3,000.00		¥390.00
价税合计（大写）	⊗叁仟叁佰玖拾元整				（小写）¥3,390.00		

销售方	名　　称：郑新达科技有限公司 纳税人识别号：914103MA9G08C593 地 址、电 话：郑州市金水区人民路136号0371-6336059 开户行及账号：中国银行股份有限公司郑州农业路支行248136987862	备注	校验码 52118 02817 08248 65199

收款人：李华　　复核：张克　　开票人：高新　　销售方：（章）

税总函[202X]××号××××公司

第三联：发票联　购买方记账凭证

1-3-14 付款通知书

科技伴随 高效学习

中国工商银行 付款通知书

日期：2021 年 08 月 23 日

机构号：530670　　交易代码：533174

单位名称	图宝商贸股份有限公司
账号	0200007609047657440
摘要	支付设备维修服务费
金额合计	¥3,390.00
金额合计（大写）	叁仟叁佰玖拾元整

（印章：中国工商银行 北京紫竹院支行 2021.08.23 业务受理专用章）

第二联 回单

注：此付款通知书加盖我行业务公章方有效。

流水号：483614476686　　经办：程新

1-3-15 固定资产折旧计算表

固定资产折旧计算表

单位：图宝商贸股份有限公司　　日期：2021 年 12 月 31 日　　单位：元

项目	上年折旧额	本年增加折旧额	本年减少折旧额	本年计提折旧额
经营用固定资产				
管理用固定资产				
合计				

审核：　　制单：

1－3－16　增值税专用发票

1100191140

北京增值税专用发票

北京 国家税务总局监制

发票联

№ 47748515　1100191140　47748515

科技伴随 高效学习

机器编号：982888812388

开票日期：2021年12月31日

购买方
- 名　　称：图宝商贸股份有限公司
- 纳税人识别号：91101-8590622319X
- 地 址、电 话：北京海淀区中关村大街甲59号文化大厦666室010-62515479
- 开户行及账号：工商银行紫竹院支行0200007609047657440

密码区
5%%4*%54473*37-5>0>1#9261261
562%24619#577975#—*0%%8143-
-4-86004482-%>>3*7%769892733
82>2869332%0649964#50#-33270

货物或应税劳务、服务名称	规格型号	单位	数量	单价	金额	税率	税额
仓库自动化管理设备		次	1	200,000.00	200,000.00	13%	26,000.00
合　计					¥200,000.00		¥26,000.00
价税合计（大写）	⊗ 贰拾贰万陆仟元整				（小写）¥226,000.00		

销售方
- 名　　称：展图工程技术有限公司
- 纳税人识别号：911101060157332698
- 地 址、电 话：北京市海淀区华通大厦B座南塔14层010-81867902
- 开户行及账号：招商银行股份有限公司北京海淀支行110920264310301

备注：校验码 52118 02817 08248 65195

展图工程技术有限公司 911101060157332698 发票专用章

收款人：华凌　　复核：吴姣　　开票人：陈挺　　销售方：（章）

税总函〔202X〕××号××××公司

第三联：发票联　购买方记账凭证

1－3－17　付款通知书

科技伴随 高效学习

中国工商银行　付款通知书

日期：2021 年 12 月 31 日

机构号：530670　　交易代码：482428

单位名称	图宝商贸股份有限公司
账号	0200007609047657440
摘要	支付仓库自动化管理设备工程款
金额合计	¥226,000.00
金额合计（大写）	贰拾贰万陆仟元整

中国工商银行
北京紫竹院支行
2021.12.31
业务受理专用章

注：此付款通知书加盖我行业务公章方有效。

流水号：332868094951　　经办：程新

第二联　回单

1－3－18　增值税专用发票

4100191140

河南增值税专用发票

发票联

№ 90611978　4100191140　90611978

机器编号：982888812388　　　　开票日期：2021年07月06日

购买方	名　　称：图宝商贸股份有限公司 纳税人识别号：91101-8590622319X 地 址、电 话：北京海淀区中关村大街甲59号文化大厦666室010-62515479 开户行及账号：工商银行紫竹院支行0200007609047657440	密码区	#508-7#2-40-*%#2%4%*298-96%1 4863%55#191-%%#>%3-02>>05#*9 2-95#04050#4>3894#946-488*4- 2>-92->30*53%**82143->9-#>85

货物或应税劳务、服务名称	规格型号	单位	数量	单价	金额	税率	税额
计算机管理软件		套	1	10,000.00	10,000.00	13%	1,300.00
合　计					¥10,000.00		¥1,300.00
价税合计（大写）	⊗ 壹万壹仟叁佰元整				（小写）¥11,300.00		

销售方	名　　称：郑新达科技有限公司 纳税人识别号：914103MA9G08C593 地 址、电 话：郑州市金水区人民路136号0371-6336059 开户行及账号：中国银行股份有限公司郑州农业路支行248136987862	备注	校验码 52118 02813 08248 65195

收款人：华凌　　复核：张克　　开票人：高新　　销售方：（章）

第三联：发票联　购买方记账凭证

税总函〔202X〕××号××××公司

1－3－19　付款通知书

中国工商银行　付款通知书

日期：2021 年 07 月 06 日

机构号：530670　　　　交易代码：984133

单位名称	图宝商贸股份有限公司
账号	0200007609047657440
摘要	支付计算机管理软件价款及税费
金额合计	¥11,300.00
金额合计（大写）	壹万壹仟叁佰元整

中国工商银行
北京紫竹院支行
2021.07.06
业务受理专用章

第二联　回单

注：此付款通知书加盖我行业务公章方有效。

流水号：835583316585　　　　经办：程新

1－3－20　软件使用验收单

软件使用验收单

验收日期：2021 年 07 月 06 日

<table>
<tr><td rowspan="2">产品名称</td><td rowspan="2">验收合格要求</td><td rowspan="2">数量</td><td rowspan="2">单位</td><td colspan="2">验收情况</td><td rowspan="2">验收人签名</td></tr>
<tr><td>是</td><td>否</td></tr>
<tr><td rowspan="5">经营用计算机管理软件</td><td>1.硬件系统安装成功</td><td rowspan="5">1</td><td rowspan="5">套</td><td>√</td><td></td><td rowspan="5">朱少军
孙婉</td></tr>
<tr><td>2.应用软件安装成功</td><td>√</td><td></td></tr>
<tr><td>3.网络设置成功</td><td>√</td><td></td></tr>
<tr><td>4.软件规划合理满足客户需求</td><td>√</td><td></td></tr>
<tr><td>5.软件运行状态良好</td><td>√</td><td></td></tr>
<tr><td>客户验收意见</td><td colspan="6">同意验收。

朱少军
2021 年 07 月 06 日</td></tr>
</table>

现场工程师签字：朱舰壮

时间：2021 年 07 月 06 日

1－3－21　无形资产摊销计算表

无形资产摊销计算表

编制单位：图宝商贸股份有限公司　　　2021 年 12 月 31 日　　　单位：元

项目	摊销额合计	经营用（60%）	管理用（40%）
土地使用权			
仓库管理软件			
合计			

审核：　　　　　　　　　　制单：

1－3－22　增值税专用发票

1100191140　　北京　增值税专用发票　№ 75163013　1100191140 75163013

此联不作报销、扣税凭证使用　　开票日期：2021年01月03日

机器编号：982888812388

购买方	名　　称：郑新达科技有限公司 纳税人识别号：914103MA9G08C593 地 址、电 话：郑州市金水区人民路136号0371-6336059 开户行及账号：中国银行股份有限公司郑州农业路支行248136987862	密码区	-*8#>*5939*3#16511#%65*>2835 209781>19#*4#21536862%86—41 %-0355%5480>#8325-%65454*884 51-6-2-6535%>#7709%756760>>-

货物或应税劳务、服务名称	规格型号	单位	数量	单价	金额	税率	税额
房屋租赁		次	1	40,000.00	40,000.00	9%	3,600.00
合　　计					¥40,000.00		¥3,600.00
价税合计（大写）	⊗ 肆万叁仟陆佰元整				（小写）¥43,600.00		

销售方	名　　称：图宝商贸股份有限公司 纳税人识别号：91101-8590622319X 地 址、电 话：北京海淀区中关村大街甲59号文化大厦666室010-62515479 开户行及账号：工商银行紫竹院支行0200007609047657440	备注	校验码 52118 02547 08248 65109

收款人：郭曲　　复核：孔威　　开票人：徐妯　　销售方：（章）

税总函〔202X〕××号×××公司

第一联：记账联　销售方记账凭证

科技伴随 高效学习

1－3－23　银行进账单

中国工商银行　进账单（收账通知）　3

2021 年 01 月 03 日　　№ 97823791

出票人	全　称	郑新达科技有限公司	收款人	全　称	图宝商贸股份有限公司
	账　号	248136987862		账　号	0200007609047657440
	开户银行	中国银行股份有限公司郑州农业路支行		开户银行	工商银行紫竹院支行
金额	人民币（大写）	肆万叁仟陆佰元整		亿千百十万千百十元角分	¥4360000
票据种类	网上转账	票据张数			
票据号码					
复核 黄雷　记账 程功			收款人开户银行签章		

中国工商银行 北京紫竹院支行 2021.01.03 业务受理专用章

此联是收款人开户银行交给收款人的收账通知

科技伴随 高效学习

1－3－24　投资性房地产折旧计算表

投资性房地产折旧计算表

编制单位：图宝商贸股份有限公司　　2021 年 12 月 31 日　　单位：元

项目	原始价值	预计净残值	预计使用年限	年折旧额
已出租房屋				
合计				

审核：　　制单：

1－3－25　第 3 单元科目汇总表

第 3 单元科目汇总表

单位：元

期间：　　　　　　　　　　　　　　　　　　　　　　　　　　　　　　凭证编号：

凭证张数：　　其中作废凭证张数：　　　　　　　　　　　　　　　　原始单据数：

科目名称	借方发生额	贷方发生额
合计		

制表人：　　　　　　　　　　　　　　审核：　　　　　　　　　　　　　　打印日期：

1.4 第 4 单元原始凭证

1－4－1 银行进账单

中国工商银行 借款借据 第一联 借据回单

银行编号：10200010 借款日期：2021 年 07 月 01 日 № 3751

借款单位名称	图宝商贸股份有限公司	放款账号	9529491318431432	利率	6%
		存款账号	0200007609047657440		
借款金额（大写）	壹佰万元整		千百十万千百十元角分 ¥100000000		
约定还款日期	2024 年 07 月 01 日	借款种类	长期借款	借款合同号码	22658220
实际放款日期	年 月 日				
借款直接用途	1.	4.	还款记录	年 月 日	还款金额 余额
	2.	5.			
	3.	6.			
根据签订的借款合同和你单位申请借款用途，经审查同意发放上列金额贷款。 中国工商银行 批准人：			（银行转账盖章） 中国工商银行北京紫竹院支行 2021.07.01 转讫 2021 年 07 月 01 日		

开户银行：中国工商银行北京紫竹院支行

此联退交借款单位

1－4－2 预付工程款收据

泰昌建筑有限公司 收款收据 №：07270400

2021 年 08 月 01 日

交款单位或个人	图宝商贸股份有限公司				
款项内容	预付工程款			收款方式	转账支票
人民币（大写）	肆拾万元整				¥ 400,000.00
收款单位盖章	泰昌建筑有限公司 财务专用章	收款人签字	梁国	经办人	程仁

第三联 记账联

1－4－3　支票存根

中国工商银行
转账支票存根

10201120
50343972

附加信息

预付工程款

出票日期 2021 年 08 月 01 日

收款人：	泰昌建筑有限公司
金　额：	¥400,000.00
用　途：	企业建造

单位主管 吴婶　　会计 李梓涵

××印务有限公司·××年印制

1－4－4　工程结算单

工程结算单

科技伴随 高效学习

工程名称：建造厂房　　　　编制日期：2021年12月31日

工程名称	建造厂房		总包单位	泰昌建筑有限公司	
施工单位	泰昌建筑有限公司		施工日期	2021年08月01日	
序号	分项工程内容	单位	数量	单价（）	金额
001	工程进度款				872,000.00
备注：					
合计：人民币（大写）捌拾柒万贰仟元整				（小写）¥872,000.00	
施工单位现场负责人：李辉			项目现场负责人：洪龚		
统计员：吴超			预算员：王晴		

1－4－5　增值税专用发票

1100191140　　北京增值税专用发票　　№ 47189481　　1100191140　47189481

北京　发票联

机器编号：982888812388　　开票日期：2021年12月31日

购买方	名　称：图宝商贸股份有限公司 纳税人识别号：91101-8590622319X 地 址、电 话：北京海淀区中关村大街甲59号文化大厦666室010-62515479 开户行及账号：工商银行紫竹院支行0200007609047657440					密码区	->09272*583352905-9-986083#1 %*3576*>9>5##840#0>6*901543* 70603*%*1521>300267*2>>58303 0%688%116%1>92149477#46123**	
货物或应税劳务、服务名称	规格型号	单位	数量	单价	金额	税率	税额	
工程项目		批	1	800,000.00	800,000.00	9%	72,000.00	
合　计					¥800,000.00		¥72,000.00	
价税合计（大写）	⊗捌拾柒万贰仟元整				（小写）¥872,000.00			
销售方	名　称：泰昌建筑有限公司 纳税人识别号：110105013497351 地 址、电 话：北京市海淀区东直门大街65号010-88721230 开户行及账号：招商银行股份有限公司北京海淀支行110920264310263					备注	校验码 52118 02817 08248 65199	

收款人：李丽　　复核：李梓涵　　开票人：梁国　　销售方：（章）

第三联：发票联　购买方记账凭证

税总函〔202X〕××号×××××公司

科技伴随 高效学习

1－4－6　支票存根

中国工商银行
转账支票存根

10201120
24536862

附加信息

出票日期 2021 年 12 月 31 日

收款人：	泰昌建筑有限公司
金　额：	¥472,000.00
用　途：	补付工程款

单位主管 吴婵　　会计 李梓涵

××印务有限公司·××年印制

1-4-7 利息结算凭证

中国工商银行 贷款利息 凭证

交易名称：对公定期计息到期还平贷款

交易序号：050 交易代码：473 工作日期：2021年12月31日9时10分 币种：人民币

借方户名：图宝商贸股份有限公司

借方账号：0200007609047657440

贷方户名：中国工商银行北京市紫竹院支行

贷方账号：

实收(付)金额：壹佰万元整

计息户账号：9525265850064304500 借据编号：530647543363789831

中国工商银行北京市
紫竹院支行
2021.12.31
转讫

起息日期	止息日期	积数/息余	利率	利息
2021-07-01	2021-12-31		6%	30,000.00

1-4-8 资本化金额计算表

资本化金额计算表

单位：图宝商贸股份有限公司　　2021 年 12 月 31 日　　单位：元

项目	利息支出合计（6 个月）	资本化金额（5 个月）	费用化金额
利息费用	30 000	25 000	5 000
合计			

登记人：李永　　复核人：张新

1－4－9　利息结算单

中国工商银行北京紫竹院支行计付利息(收账通知)

2021 年 12 月 31 日

客户号 0904231603			结算账号 0200007609047657440		
单位名称：图宝商贸股份有限公司					
计息起讫日期	2021年07月01日	至	2021年12月31日		
正常本金/积数	230000.00	利率 6%		利息	6,900.00
逾期本金/积数		利率		利息	
欠　息/积数		利率		利息	
币　种	人民币	利息总金额		6,900.00	

客户联

银行盖章：

中国工商银行北京
紫竹院支行
2021.12.31
转
讫

1－4－10　工资结算汇总表

工资结算汇总表

编制单位：图宝商贸股份有限公司　　2021 年 12 月 15 日　　单位：元

项目	工资总额	代扣社会保险费	代扣住房公积金	代扣款项	代扣个人所得税	合计	应发现金
经营人员	1 100 000	130 000	110 000		50 000	290 000	810 000
管理人员	500 000	60 000	50 000		30 000	140 000	360 000
合计	1 600 000	190 000	160 000		80 000	430 000	1 170 000

登记人：李永　　复核人：张新

1-4-11 支票存根

中国工商银行

现金支票存根

10201110

47119128

××印务有限公司·××年印制

附加信息

出票日期 2021 年 12 月 15 日

收款人：图宝商贸股份有限公司

金 额：¥1,170,000.00

用 途：发放工资

单位主管 林帅 会计 孔威

1-4-12 社会保险费及住房公积金分配表

社会保险费及住房公积金分配表

编制单位：图宝商贸股份有限公司　　　2021 年 12 月 15 日　　　单位：元

项目	计提社会保险费	计提住房公积金	合计
经营人员	230 000	110 000	340 000
管理人员	55 000	50 000	105 000
合计	285 000	160 000	445 000

登记人：李永　　　复核人：张新

1-4-13　社会保险费结算单

科技伴随 高效学习

北京　社会保险基金缴费专用票据

2021 年 12 月 31 日　经济类型：　NO. 9148963705

缴款单位	图宝商贸股份有限公司			结算方式	网上支票转账
缴款金额	肆拾柒万伍仟元整				¥ 475,000.00
项目	合计	其中			
		统筹金	个人账户	单位缴纳	个人缴纳
社会保险费	475,000.00			285,000.00	190,000.00
备注					

复核：张红　收款人：李顺　经办人：王伟　单位代码：4556603128　票据手写无效

1-4-14　支票存根

中国工商银行
转账支票存根

10201120
84501940

附加信息

出票日期 2021 年 12 月 31 日

收款人：	北京市海淀区税务局
金　额：	¥475,000.00
用　途：	缴纳社会保险费

单位主管 林帅　会计 孔威

×× 印务有限公司·×× 年印制

1－4－15　住房公积金汇缴书

住房公积金汇缴书

2021 年 12 月 31 日

附变更清册　　　张

单位名称（公章）	图宝商贸股份有限公司															
单位登记号	58135600	资金来源	□财政统发	□非财政统发	汇缴 2021年12月份											
汇缴金额(大写)：	叁拾贰万元整					千	百	十	万	千	百	十	元	角	分	
							¥	3	2	0	0	0	0	0	0	
	上月汇缴	本月增加	本月减少	本月汇缴												
人数																
金额																
缴款方式	☑支票	□委托收款	□现金送款簿	□汇票												
票据号码	91081732		备注：													
付款银行	工商银行紫竹院支行															
付款账户	0200007609047657440															

单位财务主管签字（盖章）：林帅　　　复核：孔威　　　制单：徐妯

（印章：图宝商贸股份有限公司）

1－4－16　支票存根

中国工商银行
转账支票存根

10201120
18865519

附加信息

出票日期 2021 年 12 月 31 日

收款人：	北京市海淀区税务局
金　额：	¥320,000.00
用　途：	缴纳住房公积金

单位主管 林帅　　会计 孔威

××印务有限公司·××年印制

1－4－17　个人所得税缴纳回单

中国银行北京海淀支行　电子回单

日期：　2021 年 12 月 31 日　　序号：18875328　　校验码：　824816468861622148411753

付款人	户名	图宝商贸股份有限公司
	账号	0200007609047657440
	开户行	中国工商银行北京紫竹院支行
收款人	户名	北京市海淀区税务局
	账号	0200007845757652683
	开户行	中国银行北京海淀支行
金额		（人民币）捌万元整 （CNY:）　80,000.00
摘要		为员工代缴个人所得税　　附言
备注		

（印章：中国工商银行北京紫竹院支行　电子回单专用章）

回单校验：https://app.szh.abchina.com/corpreturn/RaturnValidate.aspx　　打印日期　　2021 年 12 月 31 日

1－4－18　支票存根

中国工商银行
转账支票存根

10201120
25668092

××印务有限公司·××年印制

附加信息

出票日期　2021 年 12 月 31 日

收款人：	北京市海淀区税务局
金　额：	¥80,000.00
用　途：	缴纳个人所得税

单位主管　林帅　　会计　孔威

1-4-19 工会经费计算表

工会经费计算表

单位：图宝商贸股份有限公司　　　　2021 年 12 月 31 日　　　　单位：元

提取项目	计提基数	计提比例	分配金额
计提工会经费			
合计			

登记人：李永　　　　复核人：张新

1-4-20 工会经费收据

工会经费收入专用收据

科技伴随 高效学习

国财 08029　　　　2021 年 12 月 31 日　　　　NO 7768178745

缴款单位（人）：　图宝商贸股份有限公司

工会经费收入项目	内容	千	百	十	万	千	百	十	元	角	分
支付工会经费					3	2	0	0	0	0	0
金额合计（小写）	¥32,000.00			¥	3	2	0	0	0	0	0
金额合计（大写）	叁万贰仟元整										

第二联 收据

收款单位（盖章）：　　　　复核：王新　　　　收款人：张磊

1－4－21　支票存根

中国工商银行

转账支票存根

10201120

04228442

附加信息

出票日期 2021 年 12 月 31 日

收款人：北京市海淀区工会

金　额：¥32,000.00

用　途：支付工会经费

单位主管 林帅　会计 张磊

XX印务有限公司·XX年印制

1－4－22　税收完税证明

中华人民共和国

税收完税证明

科技借鉴 高效学习

国

（567）京　国政 197537550614117026

填发日期：2021 年 01 月 15 日　　税务机关：北京市国家税务局

纳税人识别号：91101-8590622319X　　纳税人名称：图宝商贸股份有限公司

原凭证号	税种	品目名称	税款所属时期		入(退)库日期	实缴(退)金额
037078728956488376644	增值税		2020-01-01	2020-12-31		50,000.00
451270534720012171346	城市维护建设税		2020-01-01	2020-12-31		3,500.00
301720792062493421080	教育费附加		2020-01-01	2020-12-31		2,500.00
724922509836017136782	企业所得税		2020-01-01	2020-12-31		80,000.00
金额合计	（大写）计壹拾叁万陆仟元整					¥136,000.00

北京市国家税务局 税务机关（盖章）征税专用章　　填票人　　备注

第一联（收据）缴纳税人作完税凭证明

妥善保管、手写无效

1－4－23　支票存根

中国工商银行
转账支票存根

10201120
05269793

××印务有限公司·××年印制

附加信息

出票日期 2021 年 01 月 15 日

收款人:	北京市海淀区税务局
金　额:	¥136,000.00
用　途:	缴纳税费

单位主管 林帅　会计 孔威

1－4－24　税收完税证明

中华人民共和国
税收完税证明

国

（ 738 ）京　国政 523186479100597739

填发日期: 2021 年 12 月 31 日　　税务机关: 北京市海淀区国税局

纳税人识别号	91101-8590622319X		纳税人名称	图宝商贸股份有限公司	
原凭证号	税　种	品目名称	税款所属时期	入(退)库日期	实缴(退)金额
218708486959153413920	企业所得税		2021-01-01　2021-12-31		256,000.00
金额合计	(大写) 计 贰拾伍万陆仟元整				¥256,000.00
税务机关（盖章）	填票人	备注			

第一联（收据）缴纳税人作完税凭证明

妥善保管、手写无效

1－4－25 支票存根

中国工商银行

转账支票存根

10201120

65466525

XX印务有限公司·XX年印制

附加信息

出票日期 2021 年 12 月 31 日

收款人:	北京市海淀区税务局
金　额:	¥256,000.00
用　途:	缴纳企业所得税

单位主管 林帅　　会计 孔威

1－4－26 股东大会决议

公司简称：**图宝商贸**　　　　公告编号：2021-012

图宝商贸股份有限公司

2020 年度关于股利发放的公告

本公司及董事会全体成员保证信息披露的内容真实、准确、完整，没有虚假记载、误导性陈述或重大遗漏。

图宝商贸股份有限公司 2020 年度关于股利发放的有关事宜已获 2021 年 5 月 9 日召开的 2020 年度股东大会审议通过，现将股利发放事宜公告如下：

一、发放对象及内容：图宝商贸全体股东（含自然人、企业法人股东），宣告分配上年度股利，每股 0.05 元(含税)。

二、宣告时间：2021 年 5 月 10 日

三、实际发放日：2021 年 5 月 25 日

四、所需材料：各股东请携带图宝商贸股权登记书

五、办理地点：北京市朝阳区略馨路 073 号资金清算中心

六、联系电话：010-18262574 18262583

特此公告

图宝商贸股份有限公司

股东大会

2021 年 5 月 9 日

1－4－27　股利分配明细表

股利分配明细表

单位：图宝商贸股份有限公司　　　　日期：2021 年 12 月 31 日　　　　单位：元

股东姓名	持股数量	应付股利	代扣个人所得税（20%）	税后股利
张香	4 000 000	200 000	40 000	160 000
王红	2 000 000	100 000	20 000	80 000
李欣	2 000 000	100 000	20 000	80 000
赵刚	1 500 000	75 000	15 000	60 000
刘城怡	500 000	25 000	5 000	20 000
合计	10 000 000	500 000	100 000	400 000

登记人：李永　　　　复核人：张磊

1－4－28　股利分配明细表

股利分配明细表

单位：图宝商贸股份有限公司　　　　日期：2021 年 12 月 31 日　　　　单位：元

股东姓名	持股数量	应付股利	代扣个人所得税（20%）	税后股利
张香	4 000 000	200 000	40 000	160 000
王红	2 000 000	100 000	20 000	80 000
李欣	2 000 000	100 000	20 000	80 000
赵刚	1 500 000	75 000	15 000	60 000
刘城怡	500 000	25 000	5 000	20 000
合计	10 000 000	500 000	100 000	400 000

登记人：李永　　　　复核人：张磊

1－4－29　支票存根

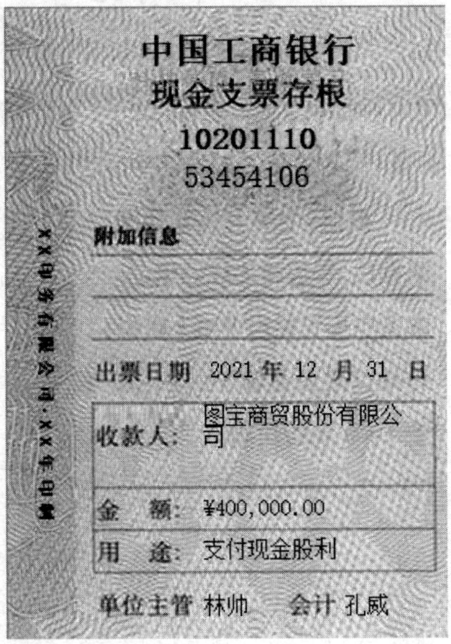

中国工商银行
现金支票存根
10201110
53454106

××印务有限公司·××年印制

附加信息

出票日期 2021 年 12 月 31 日

收款人：图宝商贸股份有限公司

金　额：¥400,000.00

用　途：支付现金股利

单位主管 林帅　　会计 孔威

1－4－30　代扣代缴个人所得税明细表

代扣代缴个人所得税明细表

单位：图宝商贸股份有限公司　　　　日期：2021 年 12 月 31 日　　　　单位：元

股东姓名	持股数量	应付股利	代扣个人所得税（20%）	税后股利
张香	4 000 000	200 000	40 000	160 000
王红	2 000 000	100 000	20 000	80 000
李欣	2 000 000	100 000	20 000	80 000
赵刚	1 500 000	75 000	15 000	60 000
刘城怡	500 000	25 000	5 000	20 000
合计	10 000 000	500 000	100 000	400 000

登记人：李永　　　　复核人：张磊

1－4－31　支票存根

中国工商银行
转账支票存根

10201120
10700350

××印务有限公司·××年印制

附加信息

出票日期 2021 年 12 月 31 日

收款人:	北京市海淀区税务局
金　额:	¥100,000.00
用　途:	缴纳个人所得税

单位主管 林帅　会计 孔威

1－4－32　投资协议书

投资协议书　　科技伴随 高效学习

（ 2021 ）第 14 号文

投资单位(甲方)	孙己	受资单位(乙方)	图宝商贸股份有限公司
地址	河南省郑州市金水区金讯路245号	地址	北京海淀区中关村大街甲59号文化大厦666室
账号	0316675058967215137	账号	0200007609047657440
开户银行	中国工商银行金水区金讯路支行	开户银行	中国工商银行北京紫竹院支行
投资金额	人民币(大写) 壹佰肆拾伍万元整		
协议条款	根据中华人民共和国法律、法规的相关规定，甲、乙双方本着互惠互利的原则，就乙方以银行存款投资甲方一事，经过友好协商，现达成一致协议如下：12月31日，向孙己定向发行股票1000000股，发行价格为1500000元，发行费用为50000元。实际收到发行净价1450000元，存入银行。 甲方签章：孙己　日期：贰零贰壹年壹拾贰月叁拾壹日 乙方签章：图宝商贸股份有限公司 合同专用章　赵规如印　日期：贰零贰壹年壹拾贰月叁拾壹日		

1－4－33　银行入账单

中国工商银行 进账单(收账通知)　3

2021 年 12 月 31 日

出票人	全　称	孙己											
	账　号	0316675058967215137											
	开户银行	中国工商郑州金水区金讯路支行											
金额	人民币（小写）	亿	千	百	十	万	千	百	十	元	角	分	
			¥	1	4	5	0	0	0	0	0	0	
收款人	全　称	图宝商贸股份有限公司											
	账　号	0200007609047657440											
	开户银行	工商银行紫竹院支行											
票据种类	现金	票据张数	1										
票据号码	255627												
													收款人开户银行签章

（印章：工商银行紫竹院支行 2021.12.31 转讫）

此联是收款人开户银行交给收款人的收账通知

复核　陈曦　　　　记账　孔威

1-4-34　第4单元科目汇总表

第4单元科目汇总表

单位：元

期间：　　　　　　　　　　　　　　　　　　　　　　凭证编号：

凭证张数：　　　　　　　其中作废凭证张数：　　　　　　原始单据数：

科目名称	借方发生额	贷方发生额
合计		

制表人：　　　　　　　　　　　审核：　　　　　　　　　　　打印日期：

1.5 第5单元原始凭证

1-5-1 委托代销清单

科技伴随 高效学习

委托代销清单

起始日期：2021-06-01　　截止日期：2021-07-01

物料代码范围：119020　　客户代码范围：234153　　部门代码范围：924563

业务员代码范围：467345　　汇总依据：发货单据

发出					结算					结存				
数量(基本)	单价(基本)	数量(常用)	单价(常用)	金额	数量(基本)	单价(基本)	数量(常用)	单价(常用)	金额	数量(基本)	单价(基本)	数量(常用)	单价(常用)	金额
200	1,100.00	0.00	0.00	220,000.0	200	1,100.00	0.00	0.00	220,000.0	0.00	0.00	0.00	0.00	0.00

1-5-2 增值税专用发票

税总函[202X]××号××××公司

1100191140　　**北京增值税专用发票**　　№ 33437754　1100191140　33437754

科技伴随 高效学习

发票联

机器编号：982888812388　　开票日期：2021年07月01日

购买方	名　　称：图宝商贸股份有限公司 纳税人识别号：911101163A005DU122X 地 址、电 话：北京市怀柔区庙城镇庙城村临21号401室010-6790213 开户行及账号：中国工商银行股份有限公司北京怀柔支行9649447931794631346
密码区	4-7904-#*>1#0%#559%9##11#5*- 5#19>1-%08-095642>#*-6>5625* 932-5649509*453-0#7389#%>17- 3>***->84>7###71#2933#1-%%—

货物或应税劳务、服务名称	规格型号	单位	数量	单价	金额	税率	税额
红外线测距仪	RKCK50	件	200	1,100.00	220,000.00	13%	28,600.00
合　　计					¥220,000.00		¥28,600.00
价税合计（大写）	⊗ 贰拾肆万捌仟陆佰元整				（小写）¥248,600.00		

销售方	名　　称：瑞科测控仪器有限公司 纳税人识别号：9110185906222319X 地 址、电 话：北京海淀区中关村大街甲59号文化大厦666室010-62515479 开户行及账号：工商银行紫竹院支行0200007609047657440
备注	校验码 52118 02817 08248 65199

收款人：郭典　　复核：孔威　　开票人：徐妯　　销售方：（章）

第三联：发票联　购买方记账凭证

1－5－3　银行进账单

中国工商银行　进账单（回　　单）　1

2021 年 07 月 05 日　　№ 94817219

出票人	全　称	瑞科测控仪器有限公司	收款人	全　称	图宝商贸股份有限公司
	账　号	9649447931794631346		账　号	0200007609047657440
	开户银行	中国工商银行股份有限公司北京怀柔支行		开户银行	工商银行紫竹院支行

金额	人民币（大写）	亿	千	百	十	万	千	百	十	元	角	分
	贰拾肆万捌仟陆佰元整			¥	2	4	8	6	0	0	0	0

票据种类	网上银行	票据张数	1
票据号码			

中国工商银行
北京紫竹院支行
2021.07.05
业务受理专用章

复核　陈曦　　记账　孔威　　　　开户银行签章

此联是开户银行交给持（出）票人的回单

1－5－4　商品出库单

出　　库　　单　　No. 93606998

购货单位：驰名医药有限公司　　2021 年 08 月 01 日

编　号	品　名	规　格	单位	数　量	单　价	金　额	备　注
00102	脉冲治疗仪	CM70	件				
合		计				¥	

仓库主管：周石　　记账：孔威　　保管：刘凯心　　经手人：刘凯心　　制单：刘凯心

第一联　存根联

1－5－5　驰名医药有限公司商品签收单

签收单

供货单位：图宝商贸股份有限公司　　　　时间：2021年08月01日

产品编号	产品名称	规格型号	单位	数量	单价	金额
00102	脉冲治疗仪	CM70	件	70	490.00	34300.00
合计				70		34300.00

购货单位：驰名医药有限公司　　　　采购员：王伟

1－5－6　退货单

科技伴随 高效学习

退 货 单

购货单位：驰名医药有限公司　　地址和电话：北京市海淀区阜石路甲69号010-5653119　　单据编号：

纳税识别号：91110116MA00DU1D35　　开户行及账号：中国工商银行股份有限公司北京海淀支行9558850200000695976　　制单日期：2021-10-25

编码	产品名称	规格	单位	单价	数量	金额	备注
00103	脉冲治疗仪	CM70	件	490.00	10	4,900.00	
合计	人民币（大写）：肆仟玖佰元整					¥4,900.00	

会计联

总经理：周国　　销售经理：胡妩　　经手人：张竣威　　会计：周石　　签收人：张竣威

1－5－7　商品入库单

入　　库　　单

No. 85272693

供货单位：图宝商贸股份有限公司　　　2021 年 10 月 25 日

编号	品名	规格	单位	数量	单价	金额	备注
00103	脉冲治疗仪	CM70	件	10	490.00	4,900.00	
合					计	¥4,900.00	

仓库主管：陈挺　　记账：周石　　保管：张竣威　　经手人：张竣威　　制单：张竣威

1－5－8　增值税专用发票

1100191140

北京增值税专用发票

北京

发票联

№ 37248715　1100191140　37248715

机器编号：982888812388

开票日期：2021年11月01日

税总函[202X]××号×××公司

购买方	名　　称：驰名医药有限公司 纳税人识别号：91110116MA00DU1D35 地 址、电 话：北京市海淀区阜石路甲69号010-5653119 开户行及账号：中国工商银行股份有限公司北京海淀支行9558850200000695976	密码区	2>339-*-552*257348810>#477>> -%59>15401>0-%610-#1#->3*32% *1>6-34494%975%##9%5>*196819 36**3-*7175829908%03951-50-9

货物或应税劳务、服务名称	规格型号	单位	数量	单价	金额	税率	税额
脉冲治疗仪	CM70	件	60	490.00	29,400.00	13%	3,822.00
合　　计					¥29,400.00		¥3,822.00
价税合计（大写）	⊗ 叁万叁仟贰佰贰拾贰元整				（小写）¥33,222.00		

销售方	名　　称：图宝商贸股份有限公司 纳税人识别号：91101-8590622319X 地 址、电 话：北京海淀区中关村大街甲59号文化大厦666室010-62515479 开户行及账号：工商银行紫竹院支行0200007609047657440	备注	校验码 52118 02817 08248 65195 图宝商贸股份有限公司 91101-8590622319X 发票专用章

收款人：郭典　　复核：孔威　　开票人：徐妯　　销售方：（章）

第三联：发票联　购买方记账凭证

1-5-9 银行进账单

中国工商银行 进账单（收账通知） **3**

2021 年 11 月 01 日

出票人	全称	驰名医药有限公司
	账号	9558850200000695976
	开户银行	中国工商银行股份有限公司北京海淀支行
收款人	全称	图宝商贸股份有限公司
	账号	0200007609047657440
	开户银行	工商银行紫竹院支行

金额 人民币（小写）	亿	千	百	十	万	千	百	十	元	角	分
				¥	3	3	2	2	2	0	0

票据种类	网上银行	票据张数	1
票据号码	590983		

工商银行紫竹院支行
2021.11.01
转讫

收款人开户银行签章

此联是收款人开户银行交给收款人的收账通知

复核 陈曦　　记账 孔威

1-5-10 结转跌价准备计算表

结转跌价准备计算表

单位：图宝商贸股份有限公司　　日期：2021 年 12 月 31 日　　单位：元

商品名称	账面余额	结转跌价准备	账面价值
脉冲治疗仪 60 件			
合计			

账务主管：林帅　　复核：陈曦　　制单：孔威

1－5－11　计提存货跌价准备计算表

计提存货跌价准备计算表

单位：图宝商贸股份有限公司　　　　日期：2021 年 12 月 31 日　　　　单位：元

商品名称	账面余额	可变现净值	商品跌价	“存货跌价准备”余额	本期计提
脉冲治疗仪					
合计					

财务主管：林帅　　　　复核：陈曦　　　　制单：孔威

1－5－12　增值税专用发票

1100191140　　**北京增值税专用发票**　　№ 46165452　1100191140　46165452

科技伴随 高效学习

发票联

机器编号：982888812388　　　　开票日期：2021年12月15日

购买方　名称：首农股份有限公司
纳税人识别号：911101A00DU1D2X16M
地址、电话：北京市海淀区阜石路乙32号010-6521519
开户行及账号：招商银行股份有限公司北京海淀支行110920267043108

密码区：
53#2598373-32#8>38>-34#18185
9#-9261%8775>2592>8289#>%9*9
%60*9*7*076380>5*43-5-%62144
247152798*00*6-36%80%1818215

货物或应税劳务、服务名称	规格型号	单位	数量	单价	金额	税率	税额
自动数粒仪	SC-G47	件	15	10,000.00	150,000.00	13%	19,500.00
合计					¥150,000.00		¥19,500.00
价税合计（大写）	⊗壹拾陆万玖仟伍佰元整				（小写）¥169,500.00		

销售方　名称：图宝商贸股份有限公司
纳税人识别号：91101-8590622319X
地址、电话：北京海淀区中关村大街甲59号文化大厦666室010-62515479
开户行及账号：工商银行紫竹院支行0200007609047657440

备注：校验码 52118 02817 08248 05199

图宝商贸股份有限公司　91101-8590622319X　发票专用章

收款人：郭典　　复核：孔威　　开票人：徐妯　　销售方：（章）

税总函〔202X〕××号×××××公司

第三联：发票联　购买方记账凭证

1-5-13 银行进账单

中国工商银行 进账单（收账通知） **3**

2021 年 12 月 15 日

出票人	全称	首农股份有限公司
	账号	110920267043108
	开户银行	招商银行股份有限公司北京海淀支行
金额	人民币（小写）	亿 千 百 十 万 千 百 十 元 角 分 ¥ 1 6 9 5 0 0 0 0
收款人	全称	图宝商贸股份有限公司
	账号	0200007609047657440
	开户银行	工商银行紫竹院支行
票据种类	网上银行	票据张数 1
票据号码	663490	
		收款人开户银行签章

工商银行紫竹院支行 2021.12.15 转讫

此联是收款人开户银行交给收款人的收账通知

复核 陈曦　　记账 孔威

1-5-14 商品出库单

科技伴随 高效学习

出 库 单　　No. 19594336

2021 年 12 月 15 日

购货单位：首农股份有限公司

编号	品名	规格	单位	数量	单价	金额	备注
00204	自动数粒仪	SC-G47	件	15			
合				计			

第一联 存根联

仓库主管：周石　记账：孔威　保管：刘凯心　经手人：刘凯心　制单：刘凯心

1-5-15 增值税专用发票

1100191140

北京增值税专用发票

北京

发票联

№ 15379959

1100191140

15379959

科技伴随 高效学习

机器编号：982888812388

开票日期：2021年07月01日

购买方	
名称	图宝商贸股份有限公司
纳税人识别号	91101-8590622319X
地址、电话	北京海淀区中关村大街甲59号文化大厦666室010-62515479
开户行及账号	工商银行紫竹院支行0200007609047657440

密码区：

9*61815>8#709*%#76733-70311*
-0%17>5>%05#62326323-396403*
>3268-2*0**650*>68705##94940
00>7>9>>2%163%*60561*>0>6*-0

货物或应税劳务、服务名称	规格型号	单位	数量	单价	金额	税率	税额
原子力显微镜	KAIM8-2	套	10	300,000.00	3,000,000.00	13%	390,000.00
合计					¥3,000,000.00		¥390,000.00
价税合计（大写）	⊗ 叁佰叁拾玖万元整				（小写）¥3,390,000.00		

销售方	
名称	捷利进出口有限公司
纳税人识别号	911101150198767569
地址、电话	北京市海淀区车公庄19号华信大厦A座 010-86721838
开户行及账号	中国工商银行股份有限公司北京海淀支行9558850200000507980

备注：校验码 52118 02817 08248 65199

捷利进出口有限公司 911101150198767569 发票专用章

收款人：华红　　复核：李梓涵　　开票人：何雄　　销售方：（章）

第三联：发票联　购买方记账凭证

税总函[202X]××号×××公司

1-5-16 支票存根

中国工商银行

现金支票存根

10201110

14304844

附加信息

出票日期 2021 年 07 月 01 日

收款人：捷利进出口有限公司

金　额：¥3,390,000.00

用　途：购买商品

单位主管 林帅　　会计 孔威

××印务有限公司·××年印制

1-5-17 商品入库单

入 库 单

科技伴随 高效学习

No. 99155462

供货单位：捷利进出口有限公司　　2021 年 07 月 01 日

编号	品名	规格	单位	数量	单价	金额	备注
00402	原子力显微镜	KAIM8-2	件	10			
合				计			

仓库主管：周石　记账：孔威　保管：刘凯心　经手人：刘凯心　制单：刘凯心

1-5-18 商品出库单

出 库 单

科技伴随 高效学习

No. 48847791

购货单位：华辉科技有限公司　　2021 年 07 月 01 日

编号	品名	规格	单位	数量	单价	金额	备注
00307	原子力显微镜	KAIM8-2	件	10			
合				计			

第一联 存根联

仓库主管：周石　记账：孔威　保管：刘凯心　经手人：刘凯心　制单：刘凯心

1－5－19　华辉科技有限公司商品签收单

签收单

供货单位：图宝商贸股份有限公司　　　　时间：2021年07月01日

产品编号	产品名称	规格型号	单位	数量	单价	金额
00307	原子力显微镜	KAIM8-2	件	10.00	610200.00	6102000.00
合计				10.00		6102000.00

购货单位：华辉科技有限公司　　　　采购员：程新

（印章：华辉科技有限公司　2021.07.01　货物已收）

1－5－20　增值税专用发票

1100191140　　**北京增值税专用发票**　　№ 84409756　1100191140　84409756

北京　国家税务总局监制

发票联

机器编号：982888812388　　开票日期：2021年11月10日

购买方	名　　称：图宝商贸股份有限公司 纳税人识别号：91101-8590622319X 地 址、电 话：北京海淀区中关村大街甲59号文化大厦666室010-62515479 开户行及账号：工商银行紫竹院支行0200007609047657440	密码区	97140>#%7%5#*>-346-*%*539*%0 1-03->3971*7>85785->30#572>9 -05—9#6>4>95#2944>02%2>0255 17622421-1%99#360958#375>1%0

货物或应税劳务、服务名称	规格型号	单位	数量	单价	金额	税率	税额
原子力显微镜	KAIM8-2	件	10	300,000.00	3,000,000.00	13%	390,000.00
合　　计					¥3,000,000.00		¥390,000.00
价税合计（大写）	⊗叁佰叁拾玖万元整				（小写）¥3,390,000.00		

销售方	名　　称：捷利进出口有限公司 纳税人识别号：911101150198767569 地 址、电 话：北京市海淀区车公庄19号华信大厦A座 010-86721838 开户行及账号：中国工商银行股份有限公司北京海淀支行9558850200000507980	备注	校验码 52118 02817 08248 65195

收款人：辛诚　　复核：李梓涵　　开票人：何雄　　销售方：（章）

（印章：捷利进出口有限公司　911101150198767569　发票专用章）

税总函[202X]××号×××××公司

第三联：发票联　购买方记账凭证

科技伴随　高效学习

1-5-21　支票存根

中国工商银行
现金支票存根
10201110
75627961

××印务有限公司·××年印制

附加信息

出票日期 2021 年 11 月 10 日

收款人:	捷利进出口有限公司
金　额:	¥3,390,000.00
用　途:	购买商品

单位主管 林帅　　会计 孔威

1-5-22　商品入库单

入　　库　　单

科技伴随 高效学习

No. 99155462

供货单位：捷利进出口有限公司　　2021 年 11 月 10 日

编　号	品　　名	规　格	单位	数　量	单　价	金　　额	备　注
00402	原子力显微镜	KAIM8-2	件	10			
合				计			

仓库主管：周石　　记账：孔威　　保管：刘凯心　　经手人：刘凯心　　制单：刘凯心

1－5－23　商品出库单

科技伴随 高效学习

出　　库　　单

No. 60436850

购货单位：格源生物科技有限公司　　2021 年 12 月 01 日

编号	品名	规格	单位	数量	单价	金额	备注
00307	原子力显微镜	KAIM8-2	件	10			
合				计			

第一联 存根联

仓库主管：周石　记账：孔威　保管：刘凯心　经手人：刘凯心　制单：刘凯心

1－5－24　格源生物科技有限公司商品签收单

签收单

供货单位：图宝商贸股份有限公司　　时间：2021年12月01日

产品编号	产品名称	规格型号	单位	数量	单价	金额
00307	原子力显微镜	KAIM8-2	件	10.00	508500.00	5085000.00
合计				10.00		5085000.00

购货单位：格源生物科技有限公司　　采购员：王磊

格源生物科技有限公司 2021.12.01 货物已收

1－5－25　增值税专用发票

1100191140　　**北京增值税专用发票**　　№ 57094608　1100191140　57094608

科技伴随 高效学习

发票联

机器编号：982888812388　　　　开票日期：2021年12月31日

购买方	名　　称：格源生物科技有限公司 纳税人识别号：911011987543268028 地 址、电 话：北京市密云区兴盛南路8号010-7902328 开户行及账号：招商银行股份有限公司北京密云支行110920264316238	密码区	-1%#*1#45-43%9056-%1%5121542 4713>>-610-7*71>5*969%2%4%>8 02339-461*-35*>>3*>164#0->74 2#2*-1-79>0210969623*04>2%3*

货物或应税劳务、服务名称	规格型号	单位	数量	单价	金额	税率	税额
原子力显微镜	KAIN8-2	件	5	450000.00	2 250 000.00	13%	292 500.00
合　　计					¥2 250 000.00		¥292 500.00
价税合计（大写）	⊗ 贰佰伍拾肆万贰仟伍佰元整				（小写）¥2 542 500.00		

销售方	名　　称：图宝商贸股份有限公司 纳税人识别号：91101-8590622319X 地 址、电 话：北京海淀区中关村大街甲59号文化大厦666室010-62515479 开户行及账号：工商银行紫竹院支行0200007609047657440	备注	校验码 52118 02817 08248 65195 图宝商贸股份有限公司 91101-8590622319X 发票专用章

收款人：郭典　　复核：孔威　　开票人：徐妯　　销售方：（章）

税总函〔202X〕××号×××公司

第三联：发票联　购买方记账凭证

1－5－26　银行进账单

中国工商银行 进账单（收账通知）　3

2021 年 12 月 31 日

出票人	全　称	格源生物科技有限公司											
	账　号	110920264316238											
	开户银行	招商银行股份有限公司北京密云支行											
金额	人民币（小写）	亿	千	百	十	万	千	百	十	元	角	分	
			¥	2	5	4	2	5	0	0	0	0	
收款人	全　称	图宝商贸股份有限公司											
	账　号	0200007609047657440											
	开户银行	工商银行紫竹院支行											
票据种类	网上银行	票据张数	1										
票据号码	997472												
													收款人开户银行签章

工商银行紫竹院支行 2021.12.31 转讫

此联是收款人开户银行交给收款人的收账通知

复核　陈曦　　　　记账　孔威

1-5-27 增值税专用发票

1100191140　　北京增值税专用发票　　№ 45896491　1100191140　45896491

发票联

机器编号：982888812388　　开票日期：2021年12月31日

购买方	名　　称：华辉科技有限公司 纳税人识别号：110114326802759 地 址、电 话：北京市海淀区车公庄8号2号楼106室010-5653988 开户行及账号：中国工商银行股份有限公司北京海淀支行9558850200079802050	密码区	27*568858578486>2-72962#>079 %-063-%93#962#>>347-6416647> 520>0-*106481>2985%**>#>8951 >5*10>930>21%6*29-61—7%80>6

货物或应税劳务、服务名称	规格型号	单位	数量	单价	金额	税率	税额
原子力显微镜	KAIM8-2	件	2	450,000.00	900,000.00	13%	117,000.00
合　　计					¥900,000.00		¥117,000.00
价税合计（大写）	⊗ 壹佰零壹万柒仟元整				（小写）¥1,017,000.00		

销售方	名　　称：图宝商贸股份有限公司 纳税人识别号：91101-8590622319X 地 址、电 话：北京海淀区中关村大街甲59号文化大厦666室010-62515479 开户行及账号：工商银行紫竹院支行0200007609047657440	备注	校验码 52118 02817 08248 65199 图宝商贸股份有限公司 91101-8590622319X 发票专用章

收款人：郭典　　复核：孔威　　开票人：徐妯　　销售方：（章）

税总函[202X]××号×××公司

第三联：发票联　购买方记账凭证

科技伴随 高效学习

1-5-28 银行进账单

中国工商银行 进账单（收账通知）　3

2021 年 12 月 31 日

出票人	全　　称	华辉科技有限公司										
	账　　号	9558850200079802050										
	开户银行	中国工商银行股份有限公司北京海淀支行										
金额	人民币（小写）	亿	千	百	十	万	千	百	十	元	角	分
			¥	1	0	1	7	0	0	0	0	0
收款人	全　　称	图宝商贸股份有限公司										
	账　　号	0200007609047657440										
	开户银行	中国工商银行北京紫竹院支行										
票据种类	网上银行	票据张数	1									
票据号码	248444											
		收款人开户银行签章										

中国工商银行北京紫竹院支行
2021.12.31
转讫

复核 陈曦　　记账 孔威

此联是收款人开户银行交给收款人的收账通知

1-5-29　未实现融资收益摊销计算表

未实现融资收益摊销计算表

单位：图宝商贸股份有限公司　　　日期：2021 年 12 月 31 日　　　单位：元

长期应收款余额	未实现融资收益余额	长期应收款账面价值	未实现融资收益摊销（5.48%）

财务主管：林帅　　　复核：陈曦

1-5-30　计提坏账准备计算表

计提坏账准备计算表

单位：图宝商贸股份有限公司　　　日期：2021 年 12 月 31 日　　　单位：元

项目	应收账款余额	计提比例	估计坏账损失	“坏账准备”科目余额	本期应计提金额	本期计提
1 年以内应收账款						
1 年以上应收账款						
合计						

财务主管：林帅　　　复核：陈曦　　　制单：孔威

1-5-31　应交所得税计算表

应交所得税计算表

单位：图宝商贸股份有限公司　　　日期：2021 年 12 月 31 日　　　单位：元

利润总额	纳税调增	纳税调减	应纳税所得额	应交所得税（25%）

财务主管：林帅　　　复核：陈曦

1－5－32　递延所得税资产计算表

递延所得税资产计算表

单位：图宝商贸股份有限公司　　日期：2021年12月31日　　单位：元

项目	计税基础	账面价值	可抵扣暂时性差异	递延所得税资产	期初递延所得税资产	本期调整
应收账款						
存货						
其他权益工具投资						
合计						

财务主管：林帅　　复核：陈曦　　制单：孔威

1－5－33　递延所得税负债计算表

递延所得税负债计算表

单位：图宝商贸股份有限公司　　日期：2021年12月31日　　单位：元

项目	计税基础	账面价值	应纳税暂时性差异	递延所得税负债	期初递延所得税负债	本期调整
交易性金融资产						
合计						

财务主管：林帅　　复核：陈曦　　制单：孔威

1－5－34　法定盈余公积计算表

法定盈余公积计算表

单位：图宝商贸股份有限公司　　日期：2021年12月31日　　单位：元

利润总额	所得税费用	净利润	计提法定盈余公积
合计			

财务主管：林帅　　复核：陈曦　　制单：孔威

1-5-35　第5单元科目汇总表

第5单元科目汇总表

单位：元

期间：　　　　　　　　　　　　　　　　　　　　　　　　　　　　　　　凭证编号：

凭证张数：　　其中作废凭证张数：　　　　　　　　　　　　　　　　　　原始单据数：

科目名称	借方发生额	贷方发生额
合计		

制表人：　　　　　　　　　　审核：　　　　　　　　　　打印日期：

1.6 第 6 单元原始凭证

1-6-1 房地产市场的相关报价

出租房屋的公允价值

编制单位：图宝商贸股份有限公司　　　　2021 年 12 月 31 日

评估日期	公司出租房屋市场报价
2020 年 12 月 31 日	1 200 000 元
2021 年 12 月 31 日	1 300 000 元

数据来源：市场报价。

1-6-2 投资性房地产会计政策变更累计影响数计算表

投资性房地产会计政策变更累计影响数计算表

编制单位：图宝商贸股份有限公司　　　　单位：元

项目	年折旧额	年末账面价值	年末公允价值	税前差异	累计所得税影响	累计税后差异
2020 年						
2021 年						

1-6-3 第 6 单元科目汇总表

第 6 单元科目汇总表

期间：　　　　凭证编号：

凭证张数：　　其中作废凭证张数：　　　　原始单据数：

科目编码	科目名称	借方发生	贷方发生
合计			

制表人：　　　　审核：　　　　打印日期：

1-6-4　资产负债表（年末数调整金额）

资产负债表（年末数调整金额）

编制单位：图宝商贸股份有限公司　　　2021年12月31日　　　单位：元

资产	调整金额	负债与所有者权益	调整金额
投资性房地产		递延所得税负债	
		盈余公积	
		未分配利润	
资产总计		负债与所有者权益总计	

1-6-5　资产负债表（年初数调整金额）

资产负债表（年初数调整金额）

编制单位：图宝商贸股份有限公司　　　2021年12月31日　　　单位：元

资产	调整金额	负债与所有者权益	调整金额
投资性房地产		递延所得税负债	
		盈余公积	
		未分配利润	
资产总计		负债与所有者权益总计	

1-6-6　利润表（调整金额）

利润表（调整金额）

编制单位：图宝商贸股份有限公司　　　2021年度　　　单位：元

项目	调整金额
营业成本	
公允价值变动收益	
利润总额	
所得税费用	
净利润	

说明：调减金额以“—”号填列。

1-6-7 所有者权益变动表（调整金额）

所有者权益变动表（调整金额）

编制单位：图宝商贸股份有限公司　　　　　　2021年度　　　　　　单位：元

项目	本年金额调整		
	盈余公积	未分配利润	所有者权益合计
一、上年年末余额			
加：会计政策变更			
二、本年年初余额			
三、本年增减变动金额			
（一）综合收益总额			
（三）利润分配			
1. 提取盈余公积			
四、本年年末余额			

说明：调减金额以"－"号填列。

第 2 部分

记账凭证[①]

① 记账凭证采用计算机系统格式。

记账凭证

年　月　日　　　　凭证编号：

摘要	总账科目	明细科目	√	借方金额	贷方金额
合计					

附件　张

会计主管　　记账　　稽核　　填制

记账凭证

年　月　日　　　　凭证编号：

摘要	总账科目	明细科目	√	借方金额	贷方金额
合计					

附件　张

会计主管　　记账　　稽核　　填制

记账凭证

年　月　日　　　　凭证编号：

摘要	总账科目	明细科目	√	借方金额	贷方金额
合计					

附件　张

会计主管　　记账　　稽核　　填制

记账凭证

年　　月　　日　　　　　　　　凭证编号：

摘要	总账科目	明细科目	√	借方金额	贷方金额
合计					

附件　　张

会计主管　　　　记账　　　　稽核　　　　填制

记账凭证

年　　月　　日　　　　　　　　凭证编号：

摘要	总账科目	明细科目	√	借方金额	贷方金额
合计					

附件　　张

会计主管　　　　记账　　　　稽核　　　　填制

记账凭证

年　　月　　日　　　　　　　　凭证编号：

摘要	总账科目	明细科目	√	借方金额	贷方金额
合计					

附件　　张

会计主管　　　　记账　　　　稽核　　　　填制

记账凭证

年　　月　　日　　　　　　　　凭证编号：

摘要	总账科目	明细科目	√	借方金额	贷方金额
合计					

附件　张

会计主管　　　　记账　　　　稽核　　　　填制

记账凭证

年　　月　　日　　　　　　　　凭证编号：

摘要	总账科目	明细科目	√	借方金额	贷方金额
合计					

附件　张

会计主管　　　　记账　　　　稽核　　　　填制

记账凭证

年　　月　　日　　　　　　　　凭证编号：

摘要	总账科目	明细科目	√	借方金额	贷方金额
合计					

附件　张

会计主管　　　　记账　　　　稽核　　　　填制

记账凭证

年　　月　　日　　　　　　　　凭证编号：

摘要	总账科目	明细科目	√	借方金额	贷方金额
合计					

附件　　张

会计主管　　　　记账　　　　稽核　　　　填制

记账凭证

年　　月　　日　　　　　　　　凭证编号：

摘要	总账科目	明细科目	√	借方金额	贷方金额
合计					

附件　　张

会计主管　　　　记账　　　　稽核　　　　填制

记账凭证

年　　月　　日　　　　　　　　凭证编号：

摘要	总账科目	明细科目	√	借方金额	贷方金额
合计					

附件　　张

会计主管　　　　记账　　　　稽核　　　　填制

记账凭证

年　　月　　日　　　　　　　　凭证编号：

摘要	总账科目	明细科目	√	借方金额	贷方金额
合计					

附件　张

会计主管　　　　记账　　　　稽核　　　　填制

记账凭证

年　　月　　日　　　　　　　　凭证编号：

摘要	总账科目	明细科目	√	借方金额	贷方金额
合计					

附件　张

会计主管　　　　记账　　　　稽核　　　　填制

记账凭证

年　　月　　日　　　　　　　　凭证编号：

摘要	总账科目	明细科目	√	借方金额	贷方金额
合计					

附件　张

会计主管　　　　记账　　　　稽核　　　　填制

记账凭证

年　　月　　日　　　　　　　　凭证编号：

摘要	总账科目	明细科目	√	借方金额	贷方金额
合计					

附件　　张

会计主管　　　　记账　　　　稽核　　　　填制

记账凭证

年　　月　　日　　　　　　　　凭证编号：

摘要	总账科目	明细科目	√	借方金额	贷方金额
合计					

附件　　张

会计主管　　　　记账　　　　稽核　　　　填制

记账凭证

年　　月　　日　　　　　　　　凭证编号：

摘要	总账科目	明细科目	√	借方金额	贷方金额
合计					

附件　　张

会计主管　　　　记账　　　　稽核　　　　填制

记账凭证

年　　月　　日　　　　　　　　　　凭证编号：

摘要	总账科目	明细科目	√	借方金额	贷方金额
合计					

附件　　张

会计主管　　　　记账　　　　稽核　　　　填制

记账凭证

年　　月　　日　　　　　　　　　　凭证编号：

摘要	总账科目	明细科目	√	借方金额	贷方金额
合计					

附件　　张

会计主管　　　　记账　　　　稽核　　　　填制

记账凭证

年　　月　　日　　　　　　　　　　凭证编号：

摘要	总账科目	明细科目	√	借方金额	贷方金额
合计					

附件　　张

会计主管　　　　记账　　　　稽核　　　　填制

记账凭证

年　　月　　日　　　　　　　　凭证编号：

摘要	总账科目	明细科目	√	借方金额	贷方金额
合计					

附件　张

会计主管　　　　记账　　　　稽核　　　　填制

记账凭证

年　　月　　日　　　　　　　　凭证编号：

摘要	总账科目	明细科目	√	借方金额	贷方金额
合计					

附件　张

会计主管　　　　记账　　　　稽核　　　　填制

记账凭证

年　　月　　日　　　　　　　　凭证编号：

摘要	总账科目	明细科目	√	借方金额	贷方金额
合计					

附件　张

会计主管　　　　记账　　　　稽核　　　　填制

记账凭证

年　　月　　日　　　　　　　　凭证编号：

摘要	总账科目	明细科目	√	借方金额	贷方金额
合计					

附件　　张

会计主管　　　　记账　　　　稽核　　　　填制

记账凭证

年　　月　　日　　　　　　　　凭证编号：

摘要	总账科目	明细科目	√	借方金额	贷方金额
合计					

附件　　张

会计主管　　　　记账　　　　稽核　　　　填制

记账凭证

年　　月　　日　　　　　　　　凭证编号：

摘要	总账科目	明细科目	√	借方金额	贷方金额
合计					

附件　　张

会计主管　　　　记账　　　　稽核　　　　填制

记账凭证

年　月　日　　　　凭证编号：

摘要	总账科目	明细科目	√	借方金额	贷方金额
合计					

附件　张

会计主管　　记账　　稽核　　填制

记账凭证

年　月　日　　　　凭证编号：

摘要	总账科目	明细科目	√	借方金额	贷方金额
合计					

附件　张

会计主管　　记账　　稽核　　填制

记账凭证

年　月　日　　　　凭证编号：

摘要	总账科目	明细科目	√	借方金额	贷方金额
合计					

附件　张

会计主管　　记账　　稽核　　填制

记账凭证

年　月　日　　　　凭证编号：

摘要	总账科目	明细科目	√	借方金额	贷方金额
合计					

附件　张

会计主管　　记账　　稽核　　填制

记账凭证

年　月　日　　　　凭证编号：

摘要	总账科目	明细科目	√	借方金额	贷方金额
合计					

附件　张

会计主管　　记账　　稽核　　填制

记账凭证

年　月　日　　　　凭证编号：

摘要	总账科目	明细科目	√	借方金额	贷方金额
合计					

附件　张

会计主管　　记账　　稽核　　填制

记账凭证

年　　月　　日　　　　　　　　　　凭证编号：

摘要	总账科目	明细科目	√	借方金额	贷方金额
合计					

附件　　张

会计主管　　　　记账　　　　稽核　　　　填制

记账凭证

年　　月　　日　　　　　　　　　　凭证编号：

摘要	总账科目	明细科目	√	借方金额	贷方金额
合计					

附件　　张

会计主管　　　　记账　　　　稽核　　　　填制

记账凭证

年　　月　　日　　　　　　　　　　凭证编号：

摘要	总账科目	明细科目	√	借方金额	贷方金额
合计					

附件　　张

会计主管　　　　记账　　　　稽核　　　　填制

记账凭证

年　月　日　　　　凭证编号：

摘要	总账科目	明细科目	√	借方金额	贷方金额
合计					

附件　张

会计主管　　记账　　稽核　　填制

记账凭证

年　月　日　　　　凭证编号：

摘要	总账科目	明细科目	√	借方金额	贷方金额
合计					

附件　张

会计主管　　记账　　稽核　　填制

记账凭证

年　月　日　　　　凭证编号：

摘要	总账科目	明细科目	√	借方金额	贷方金额
合计					

附件　张

会计主管　　记账　　稽核　　填制

记账凭证

年　　月　　日　　　　　　　　　凭证编号：

摘要	总账科目	明细科目	√	借方金额	贷方金额
合计					

附件　　张

会计主管　　　　记账　　　　稽核　　　　填制

记账凭证

年　　月　　日　　　　　　　　　凭证编号：

摘要	总账科目	明细科目	√	借方金额	贷方金额
合计					

附件　　张

会计主管　　　　记账　　　　稽核　　　　填制

记账凭证

年　　月　　日　　　　　　　　　凭证编号：

摘要	总账科目	明细科目	√	借方金额	贷方金额
合计					

附件　　张

会计主管　　　　记账　　　　稽核　　　　填制

记账凭证

年　月　日　　　　凭证编号：

摘要	总账科目	明细科目	√	借方金额	贷方金额
合计					

附件　张

会计主管　　记账　　稽核　　填制

记账凭证

年　月　日　　　　凭证编号：

摘要	总账科目	明细科目	√	借方金额	贷方金额
合计					

附件　张

会计主管　　记账　　稽核　　填制

记账凭证

年　月　日　　　　凭证编号：

摘要	总账科目	明细科目	√	借方金额	贷方金额
合计					

附件　张

会计主管　　记账　　稽核　　填制

记账凭证

年　月　日　　　　　　凭证编号：

摘要	总账科目	明细科目	√	借方金额	贷方金额
合计					

附件　张

会计主管　　记账　　稽核　　填制

记账凭证

年　月　日　　　　　　凭证编号：

摘要	总账科目	明细科目	√	借方金额	贷方金额
合计					

附件　张

会计主管　　记账　　稽核　　填制

记账凭证

年　月　日　　　　　　凭证编号：

摘要	总账科目	明细科目	√	借方金额	贷方金额
合计					

附件　张

会计主管　　记账　　稽核　　填制

记账凭证

年　　月　　日　　　　　　　　　　凭证编号：

摘要	总账科目	明细科目	√	借方金额	贷方金额
合计					

附件　　张

会计主管　　　记账　　　稽核　　　填制

记账凭证

年　　月　　日　　　　　　　　　　凭证编号：

摘要	总账科目	明细科目	√	借方金额	贷方金额
合计					

附件　　张

会计主管　　　记账　　　稽核　　　填制

记账凭证

年　　月　　日　　　　　　　　　　凭证编号：

摘要	总账科目	明细科目	√	借方金额	贷方金额
合计					

附件　　张

会计主管　　　记账　　　稽核　　　填制

记账凭证

年　月　日　　　　凭证编号：

摘要	总账科目	明细科目	√	借方金额	贷方金额
合计					

附件　张

会计主管　　记账　　稽核　　填制

记账凭证

年　月　日　　　　凭证编号：

摘要	总账科目	明细科目	√	借方金额	贷方金额
合计					

附件　张

会计主管　　记账　　稽核　　填制

记账凭证

年　月　日　　　　凭证编号：

摘要	总账科目	明细科目	√	借方金额	贷方金额
合计					

附件　张

会计主管　　记账　　稽核　　填制

记账凭证

年　月　日　　　　凭证编号：

摘要	总账科目	明细科目	√	借方金额	贷方金额
合计					

附件　张

会计主管　记账　稽核　填制

记账凭证

年　月　日　　　　凭证编号：

摘要	总账科目	明细科目	√	借方金额	贷方金额
合计					

附件　张

会计主管　记账　稽核　填制

记账凭证

年　月　日　　　　凭证编号：

摘要	总账科目	明细科目	√	借方金额	贷方金额
合计					

附件　张

会计主管　记账　稽核　填制

记账凭证

年　　月　　日　　　　　　　　凭证编号：

摘要	总账科目	明细科目	√	借方金额	贷方金额
合计					

附件　　张

会计主管　　　　记账　　　　稽核　　　　填制

记账凭证

年　　月　　日　　　　　　　　凭证编号：

摘要	总账科目	明细科目	√	借方金额	贷方金额
合计					

附件　　张

会计主管　　　　记账　　　　稽核　　　　填制

记账凭证

年　　月　　日　　　　　　　　凭证编号：

摘要	总账科目	明细科目	√	借方金额	贷方金额
合计					

附件　　张

会计主管　　　　记账　　　　稽核　　　　填制

记账凭证

年　　月　　日　　　　　　　　　　　　凭证编号：

摘要	总账科目	明细科目	√	借方金额	贷方金额
合计					

附件　　张

会计主管　　　　　　记账　　　　　　稽核　　　　　　填制

记账凭证

年　　月　　日　　　　　　　　　　　　凭证编号：

摘要	总账科目	明细科目	√	借方金额	贷方金额
合计					

附件　　张

会计主管　　　　　　记账　　　　　　稽核　　　　　　填制

记账凭证

年　　月　　日　　　　　　　　　　　　凭证编号：

摘要	总账科目	明细科目	√	借方金额	贷方金额
合计					

附件　　张

会计主管　　　　　　记账　　　　　　稽核　　　　　　填制

记账凭证

年　　月　　日　　　　　　　　凭证编号：

摘要	总账科目	明细科目	√	借方金额	贷方金额
合计					

附件　张

会计主管　　记账　　稽核　　填制

记账凭证

年　　月　　日　　　　　　　　凭证编号：

摘要	总账科目	明细科目	√	借方金额	贷方金额
合计					

附件　张

会计主管　　记账　　稽核　　填制

记账凭证

年　　月　　日　　　　　　　　凭证编号：

摘要	总账科目	明细科目	√	借方金额	贷方金额
合计					

附件　张

会计主管　　记账　　稽核　　填制

记账凭证

年　　月　　日　　　　　　　　凭证编号：

摘要	总账科目	明细科目	√	借方金额	贷方金额
合计					

附件　　张

会计主管　　记账　　稽核　　填制

记账凭证

年　　月　　日　　　　　　　　凭证编号：

摘要	总账科目	明细科目	√	借方金额	贷方金额
合计					

附件　　张

会计主管　　记账　　稽核　　填制

记账凭证

年　　月　　日　　　　　　　　凭证编号：

摘要	总账科目	明细科目	√	借方金额	贷方金额
合计					

附件　　张

会计主管　　记账　　稽核　　填制

记账凭证

年　月　日　　　　凭证编号：

摘要	总账科目	明细科目	√	借方金额	贷方金额
合计					

附件　张

会计主管　记账　稽核　填制

记账凭证

年　月　日　　　　凭证编号：

摘要	总账科目	明细科目	√	借方金额	贷方金额
合计					

附件　张

会计主管　记账　稽核　填制

记账凭证

年　月　日　　　　凭证编号：

摘要	总账科目	明细科目	√	借方金额	贷方金额
合计					

附件　张

会计主管　记账　稽核　填制

记账凭证

年　　月　　日　　　　　　　　凭证编号：

摘要	总账科目	明细科目	√	借方金额	贷方金额
合计					

附件　　张

会计主管　　　　记账　　　　稽核　　　　填制

记账凭证

年　　月　　日　　　　　　　　凭证编号：

摘要	总账科目	明细科目	√	借方金额	贷方金额
合计					

附件　　张

会计主管　　　　记账　　　　稽核　　　　填制

记账凭证

年　　月　　日　　　　　　　　凭证编号：

摘要	总账科目	明细科目	√	借方金额	贷方金额
合计					

附件　　张

会计主管　　　　记账　　　　稽核　　　　填制

记账凭证

年　　月　　日　　　　　　　　凭证编号：

摘要	总账科目	明细科目	√	借方金额	贷方金额
合计					

附件　　张

会计主管　　记账　　稽核　　填制

记账凭证

年　　月　　日　　　　　　　　凭证编号：

摘要	总账科目	明细科目	√	借方金额	贷方金额
合计					

附件　　张

会计主管　　记账　　稽核　　填制

记账凭证

年　　月　　日　　　　　　　　凭证编号：

摘要	总账科目	明细科目	√	借方金额	贷方金额
合计					

附件　　张

会计主管　　记账　　稽核　　填制

记账凭证

年　　月　　日　　　　　　　　凭证编号：

摘要	总账科目	明细科目	√	借方金额	贷方金额
合计					

附件　　张

会计主管　　　　记账　　　　稽核　　　　填制

记账凭证

年　　月　　日　　　　　　　　凭证编号：

摘要	总账科目	明细科目	√	借方金额	贷方金额
合计					

附件　　张

会计主管　　　　记账　　　　稽核　　　　填制

记账凭证

年　　月　　日　　　　　　　　凭证编号：

摘要	总账科目	明细科目	√	借方金额	贷方金额
合计					

附件　　张

会计主管　　　　记账　　　　稽核　　　　填制

记账凭证

年　　月　　日　　　　　　　　凭证编号：

摘要	总账科目	明细科目	√	借方金额	贷方金额
合计					

附件　　张

会计主管　　　　记账　　　　稽核　　　　填制

记账凭证

年　　月　　日　　　　　　　　凭证编号：

摘要	总账科目	明细科目	√	借方金额	贷方金额
合计					

附件　　张

会计主管　　　　记账　　　　稽核　　　　填制

记账凭证

年　　月　　日　　　　　　　　凭证编号：

摘要	总账科目	明细科目	√	借方金额	贷方金额
合计					

附件　　张

会计主管　　　　记账　　　　稽核　　　　填制

记账凭证

年　　月　　日　　　　　　凭证编号：

摘要	总账科目	明细科目	√	借方金额	贷方金额
合计					

附件　　张

会计主管　　记账　　稽核　　填制

记账凭证

年　　月　　日　　　　　　凭证编号：

摘要	总账科目	明细科目	√	借方金额	贷方金额
合计					

附件　　张

会计主管　　记账　　稽核　　填制

记账凭证

年　　月　　日　　　　　　凭证编号：

摘要	总账科目	明细科目	√	借方金额	贷方金额
合计					

附件　　张

会计主管　　记账　　稽核　　填制

记账凭证

年　　月　　日　　　　　　　　凭证编号：

摘要	总账科目	明细科目	√	借方金额	贷方金额
合计					

附件　　张

会计主管　　　　记账　　　　稽核　　　　填制

记账凭证

年　　月　　日　　　　　　　　凭证编号：

摘要	总账科目	明细科目	√	借方金额	贷方金额
合计					

附件　　张

会计主管　　　　记账　　　　稽核　　　　填制

记账凭证

年　　月　　日　　　　　　　　凭证编号：

摘要	总账科目	明细科目	√	借方金额	贷方金额
合计					

附件　　张

会计主管　　　　记账　　　　稽核　　　　填制

记账凭证

年　　月　　日　　　　　　　　凭证编号：

摘要	总账科目	明细科目	√	借方金额	贷方金额
合计					

附件　　张

会计主管　　　　记账　　　　稽核　　　　填制

记账凭证

年　　月　　日　　　　　　　　凭证编号：

摘要	总账科目	明细科目	√	借方金额	贷方金额
合计					

附件　　张

会计主管　　　　记账　　　　稽核　　　　填制

记账凭证

年　　月　　日　　　　　　　　凭证编号：

摘要	总账科目	明细科目	√	借方金额	贷方金额
合计					

附件　　张

会计主管　　　　记账　　　　稽核　　　　填制

记账凭证

年　　月　　日　　　　　　　　　　凭证编号：

摘要	总账科目	明细科目	√	借方金额	贷方金额
合计					

附件　　张

会计主管　　　　记账　　　　稽核　　　　填制

记账凭证

年　　月　　日　　　　　　　　　　凭证编号：

摘要	总账科目	明细科目	√	借方金额	贷方金额
合计					

附件　　张

会计主管　　　　记账　　　　稽核　　　　填制

记账凭证

年　　月　　日　　　　　　　　　　凭证编号：

摘要	总账科目	明细科目	√	借方金额	贷方金额
合计					

附件　　张

会计主管　　　　记账　　　　稽核　　　　填制

记账凭证

年　月　日　　　　凭证编号：

摘要	总账科目	明细科目	√	借方金额	贷方金额
合计					

附件　张

会计主管　　记账　　稽核　　填制

记账凭证

年　月　日　　　　凭证编号：

摘要	总账科目	明细科目	√	借方金额	贷方金额
合计					

附件　张

会计主管　　记账　　稽核　　填制

记账凭证

年　月　日　　　　凭证编号：

摘要	总账科目	明细科目	√	借方金额	贷方金额
合计					

附件　张

会计主管　　记账　　稽核　　填制

记账凭证

年 月 日　　　　　　凭证编号：

摘要	总账科目	明细科目	√	借方金额	贷方金额
合计					

附件　　张

会计主管　　记账　　稽核　　填制

记账凭证

年 月 日　　　　　　凭证编号：

摘要	总账科目	明细科目	√	借方金额	贷方金额
合计					

附件　　张

会计主管　　记账　　稽核　　填制

记账凭证

年 月 日　　　　　　凭证编号：

摘要	总账科目	明细科目	√	借方金额	贷方金额
合计					

附件　　张

会计主管　　记账　　稽核　　填制

记账凭证

年　　月　　日　　　　　　　　　　凭证编号：

摘要	总账科目	明细科目	√	借方金额	贷方金额
合计					

附件　　张

会计主管　　　　记账　　　　稽核　　　　填制

记账凭证

年　　月　　日　　　　　　　　　　凭证编号：

摘要	总账科目	明细科目	√	借方金额	贷方金额
合计					

附件　　张

会计主管　　　　记账　　　　稽核　　　　填制

记账凭证

年　　月　　日　　　　　　　　　　凭证编号：

摘要	总账科目	明细科目	√	借方金额	贷方金额
合计					

附件　　张

会计主管　　　　记账　　　　稽核　　　　填制

记账凭证

年　月　日　　　　凭证编号：

摘要	总账科目	明细科目	√	借方金额	贷方金额
合计					

附件　张

会计主管　　记账　　稽核　　填制

记账凭证

年　月　日　　　　凭证编号：

摘要	总账科目	明细科目	√	借方金额	贷方金额
合计					

附件　张

会计主管　　记账　　稽核　　填制

记账凭证

年　月　日　　　　凭证编号：

摘要	总账科目	明细科目	√	借方金额	贷方金额
合计					

附件　张

会计主管　　记账　　稽核　　填制

记账凭证

年　　月　　日　　　　　　　　凭证编号：

摘要	总账科目	明细科目	√	借方金额	贷方金额
合计					

附件　　张

会计主管　　　　记账　　　　稽核　　　　填制

记账凭证

年　　月　　日　　　　　　　　凭证编号：

摘要	总账科目	明细科目	√	借方金额	贷方金额
合计					

附件　　张

会计主管　　　　记账　　　　稽核　　　　填制

记账凭证

年　　月　　日　　　　　　　　凭证编号：

摘要	总账科目	明细科目	√	借方金额	贷方金额
合计					

附件　　张

会计主管　　　　记账　　　　稽核　　　　填制

记账凭证

年　　月　　日　　　　　　　　凭证编号：

摘要	总账科目	明细科目	√	借方金额	贷方金额
合计					

附件　　张

会计主管　　　　记账　　　　稽核　　　　填制

记账凭证

年　　月　　日　　　　　　　　凭证编号：

摘要	总账科目	明细科目	√	借方金额	贷方金额
合计					

附件　　张

会计主管　　　　记账　　　　稽核　　　　填制

记账凭证

年　　月　　日　　　　　　　　凭证编号：

摘要	总账科目	明细科目	√	借方金额	贷方金额
合计					

附件　　张

会计主管　　　　记账　　　　稽核　　　　填制

记账凭证

年　　月　　日　　　　　　　　凭证编号：

摘要	总账科目	明细科目	√	借方金额	贷方金额
合计					

附件　张

会计主管　　记账　　稽核　　填制

记账凭证

年　　月　　日　　　　　　　　凭证编号：

摘要	总账科目	明细科目	√	借方金额	贷方金额
合计					

附件　张

会计主管　　记账　　稽核　　填制

记账凭证

年　　月　　日　　　　　　　　凭证编号：

摘要	总账科目	明细科目	√	借方金额	贷方金额
合计					

附件　张

会计主管　　记账　　稽核　　填制

记账凭证

年　　月　　日　　　　　　凭证编号：

摘要	总账科目	明细科目	√	借方金额	贷方金额
合计					

附件　　张

会计主管　　　记账　　　稽核　　　填制

记账凭证

年　　月　　日　　　　　　凭证编号：

摘要	总账科目	明细科目	√	借方金额	贷方金额
合计					

附件　　张

会计主管　　　记账　　　稽核　　　填制

记账凭证

年　　月　　日　　　　　　凭证编号：

摘要	总账科目	明细科目	√	借方金额	贷方金额
合计					

附件　　张

会计主管　　　记账　　　稽核　　　填制

记账凭证

年 月 日 凭证编号：

摘要	总账科目	明细科目	√	借方金额	贷方金额
合计					

附件 张

会计主管 记账 稽核 填制

记账凭证

年 月 日 凭证编号：

摘要	总账科目	明细科目	√	借方金额	贷方金额
合计					

附件 张

会计主管 记账 稽核 填制

记账凭证

年　　月　　日　　　　　　凭证编号：

摘要	总账科目	明细科目	√	借方金额	贷方金额
合计					

附件　张

会计主管　　记账　　稽核　　填制

记账凭证

年　　月　　日　　　　　　凭证编号：

摘要	总账科目	明细科目	√	借方金额	贷方金额
合计					

附件　张

会计主管　　记账　　稽核　　填制

记账凭证

年　　月　　日　　　　　　凭证编号：

摘要	总账科目	明细科目	√	借方金额	贷方金额
合计					

附件　张

会计主管　　记账　　稽核　　填制

第 3 部分

账　簿

3.1 总分类账①

总分类账

总账科目：库存现金

单位：元

日期	凭证号	摘要	借方发生额	贷方发生额	借或贷	余额
		期初余额				

*

总分类账

总账科目：银行存款

单位：元

日期	凭证号	摘要	借方发生额	贷方发生额	借或贷	余额
		期初余额				

总分类账

总账科目：其他货币资金

单位：元

日期	凭证号	摘要	借方发生额	贷方发生额	借或贷	余额
		期初余额				

① 总分类账采用计算机系统格式。

总分类账

总账科目：交易性金融资产　　　　　　　　　　　　　　　　单位：元

日期	凭证号	摘要	借方发生额	贷方发生额	借或贷	余额
		期初余额				

总分类账

总账科目：应收票据　　　　　　　　　　　　　　　　单位：元

日期	凭证号	摘要	借方发生额	贷方发生额	借或贷	余额

总分类账

总账科目：应收账款　　　　　　　　　　　　　　　　单位：元

日期	凭证号	摘要	借方发生额	贷方发生额	借或贷	余额
		期初余额				

总分类账

总账科目：坏账准备　　　　　　　　　　　　　　　　单位：元

日期	凭证号	摘要	借方发生额	贷方发生额	借或贷	余额
		期初余额				

总分类账

总账科目：应收股利　　　　　　　　　　　　　　　　单位：元

日期	凭证号	摘要	借方发生额	贷方发生额	借或贷	余额

总分类账

总账科目：应收利息　　　　单位：元

日期	凭证号	摘要	借方发生额	贷方发生额	借或贷	余额

总分类账

总账科目：库存商品　　　　单位：元

日期	凭证号	摘要	借方发生额	贷方发生额	借或贷	余额
		期初余额				

总分类账

总账科目：发出商品　　　　单位：元

日期	凭证号	摘要	借方发生额	贷方发生额	借或贷	余额
		期初余额				

总分类账

总账科目：应收退货成本　　　　单位：元

日期	凭证号	摘要	借方发生额	贷方发生额	借或贷	余额

总分类账

总账科目：存货跌价准备　　　　单位：元

日期	凭证号	摘要	借方发生额	贷方发生额	借或贷	余额

总分类账

总账科目：债权投资　　　　单位：元

日期	凭证号	摘要	借方发生额	贷方发生额	借或贷	余额
		期初余额				

总分类账

总账科目：长期股权投资　　　　单位：元

日期	凭证号	摘要	借方发生额	贷方发生额	借或贷	余额
		期初余额				

总分类账

总账科目：其他权益工具投资　　　　单位：元

日期	凭证号	摘要	借方发生额	贷方发生额	借或贷	余额

总分类账

总账科目：长期应收款　　　　单位：元

日期	凭证号	摘要	借方发生额	贷方发生额	借或贷	余额

总分类账

总账科目：未实现融资收益　　　　单位：元

日期	凭证号	摘要	借方发生额	贷方发生额	借或贷	余额

总分类账

总账科目：投资性房地产　　　　单位：元

日期	凭证号	摘要	借方发生额	贷方发生额	借或贷	余额
		期初余额				

总分类账

总账科目：投资性房地产累计折旧　　单位：元

日期	凭证号	摘要	借方发生额	贷方发生额	借或贷	余额
		期初余额				

总分类账

总账科目：固定资产　　单位：元

日期	凭证号	摘要	借方发生额	贷方发生额	借或贷	余额
		期初余额				

总分类账

总账科目：累计折旧　　单位：元

日期	凭证号	摘要	借方发生额	贷方发生额	借或贷	余额
		期初余额				

总分类账

总账科目：在建工程　　单位：元

日期	凭证号	摘要	借方发生额	贷方发生额	借或贷	余额

总分类账

总账科目：固定资产清理　　单位：元

日期	凭证号	摘要	借方发生额	贷方发生额	借或贷	余额

总分类账

总账科目：无形资产　　单位：元

日期	凭证号	摘要	借方发生额	贷方发生额	借或贷	余额
		期初余额				

总分类账

总账科目：累计摊销　　单位：元

日期	凭证号	摘要	借方发生额	贷方发生额	借或贷	余额
		期初余额				

总分类账

总账科目：递延所得税资产　　单位：元

日期	凭证号	摘要	借方发生额	贷方发生额	借或贷	余额
		期初余额				

总分类账

总账科目：应付票据　　单位：元

日期	凭证号	摘要	借方发生额	贷方发生额	借或贷	余额

总分类账

总账科目：应付账款　　单位：元

日期	凭证号	摘要	借方发生额	贷方发生额	借或贷	余额
		期初余额				

总分类账

总账科目：应付职工薪酬　　单位：元

日期	凭证号	摘要	借方发生额	贷方发生额	借或贷	余额

总分类账

总账科目：应交税费　　　　单位：元

日期	凭证号	摘要	借方发生额	贷方发生额	借或贷	余额
		期初余额				

总分类账

总账科目：应付股利　　　　单位：元

日期	凭证号	摘要	借方发生额	贷方发生额	借或贷	余额

总分类账

总账科目：其他应付款　　　　单位：元

日期	凭证号	摘要	借方发生额	贷方发生额	借或贷	余额

总分类账

总账科目：长期借款　　　　单位：元

日期	凭证号	摘要	借方发生额	贷方发生额	借或贷	余额

总分类账

总账科目：递延所得税负债　　　　单位：元

日期	凭证号	摘要	借方发生额	贷方发生额	借或贷	余额
		期初余额				

总分类账

总账科目：股本　　　　　　　　　　　　　　　　　　　　　　　　单位：元

日期	凭证号	摘要	借方发生额	贷方发生额	借或贷	余额
		期初余额				

总分类账

总账科目：资本公积　　　　　　　　　　　　　　　　　　　　　　单位：元

日期	凭证号	摘要	借方发生额	贷方发生额	借或贷	余额

总分类账

总账科目：其他综合收益　　　　　　　　　　　　　　　　　　　　单位：元

日期	凭证号	摘要	借方发生额	贷方发生额	借或贷	余额

总分类账

总账科目：盈余公积　　　　　　　　　　　　　　　　　　　　　　单位：元

日期	凭证号	摘要	借方发生额	贷方发生额	借或贷	余额
		期初余额				

总分类账

总账科目：利润分配　　　　　　　　　　　　　　　　　　　　　　单位：元

日期	凭证号	摘要	借方发生额	贷方发生额	借或贷	余额
		期初余额				

总分类账

总账科目：主营业务收入　　单位：元

日期	凭证号	摘要	借方发生额	贷方发生额	借或贷	余额

总分类账

总账科目：其他业务收入　　单位：元

日期	凭证号	摘要	借方发生额	贷方发生额	借或贷	余额

总分类账

总账科目：主营业务成本　　单位：元

日期	凭证号	摘要	借方发生额	贷方发生额	借或贷	余额

总分类账

总账科目：其他业务成本　　单位：元

日期	凭证号	摘要	借方发生额	贷方发生额	借或贷	余额

总分类账

总账科目：销售费用　　单位：元

日期	凭证号	摘要	借方发生额	贷方发生额	借或贷	余额

总分类账

总账科目：管理费用　　　　单位：元

日期	凭证号	摘要	借方发生额	贷方发生额	借或贷	余额

总分类账

总账科目：财务费用　　　　单位：元

日期	凭证号	摘要	借方发生额	贷方发生额	借或贷	余额

总分类账

总账科目：信用减值损失　　　　单位：元

日期	凭证号	摘要	借方发生额	贷方发生额	借或贷	余额

总分类账

总账科目：资产减值损失　　　　单位：元

日期	凭证号	摘要	借方发生额	贷方发生额	借或贷	余额

总分类账

总账科目：公允价值变动损益　　　　单位：元

日期	凭证号	摘要	借方发生额	贷方发生额	借或贷	余额

总分类账

总账科目：投资收益　　　　单位：元

日期	凭证号	摘要	借方发生额	贷方发生额	借或贷	余额

总分类账

总账科目：资产处置损益　　　　单位：元

日期	凭证号	摘要	借方发生额	贷方发生额	借或贷	余额

总分类账

总账科目：营业外收入　　　　单位：元

日期	凭证号	摘要	借方发生额	贷方发生额	借或贷	余额

总分类账

总账科目：所得税费用　　　　单位：元

日期	凭证号	摘要	借方发生额	贷方发生额	借或贷	余额

总分类账

总账科目：本年利润　　　　单位：元

日期	凭证号	摘要	借方发生额	贷方发生额	借或贷	余额

总分类账

总账科目：以前年度损益调整　　　　单位：元

日期	凭证号	摘要	借方发生额	贷方发生额	借或贷	余额

3.2 日记账[①]

日记账

总账科目：库存现金　　　　单位：元

日期	凭证号	对方科目	摘要	收入	支出	余额

日记账

总账科目：银行存款　　　　单位：元

日期	凭证号	支票号码	对方科目	摘要	收入	支出	余额

① 日记账采用计算机系统格式。

续表

日期	凭证号	支票号码	对方科目	摘要	收入	支出	余额

续表

日期	凭证号	支票号码	对方科目	摘要	收入	支出	余额

3.3 三栏式明细分类账①

明细分类账

总账科目：其他货币资金　　　　　　明细科目：银行汇票存款　　　　　　单位：元

日期	凭证号	摘要	借方发生额	贷方发生额	借或贷	余额
		期初余额				

明细分类账

总账科目：交易性金融资产　　明细科目：达天能源股份有限公司股票——成本　　单位：元

日期	凭证号	摘要	借方发生额	贷方发生额	借或贷	余额
		期初余额				

明细分类账

总账科目：交易性金融资产　　明细科目：达天能源股份有限公司股票——公允价值变动　　单位：元

日期	凭证号	摘要	借方发生额	贷方发生额	借或贷	余额
		期初余额				

明细分类账

总账科目：交易性金融资产　　明细科目：嘉华娱乐股份有限公司股票——成本　　单位：元

日期	凭证号	摘要	借方发生额	贷方发生额	借或贷	余额

① 三栏式明细账采用计算机系统格式。

明细分类账

总账科目：交易性金融资产　　明细科目：嘉华娱乐股份有限公司股票——公允价值变动　　单位：元

日期	凭证号	摘要	借方发生额	贷方发生额	借或贷	余额

明细分类账

总账科目：应收票据　　明细科目：银行承兑汇票——倍康医疗器械有限公司　　单位：元

日期	凭证号	摘要	借方发生额	贷方发生额	借或贷	余额

明细分类账

总账科目：应收账款　　明细科目：北京迅达电子有限公司　　单位：元

日期	凭证号	摘要	借方发生额	贷方发生额	借或贷	余额
		期初余额				

明细分类账

总账科目：应收账款　　明细科目：首安水利有限公司　　单位：元

日期	凭证号	摘要	借方发生额	贷方发生额	借或贷	余额
		期初余额				

明细分类账

总账科目：应收账款　　明细科目：瑞科测控仪器有限公司　　单位：元

日期	凭证号	摘要	借方发生额	贷方发生额	借或贷	余额

明细分类账

总账科目：应收账款　　明细科目：格源生物科技有限公司　　单位：元

日期	凭证号	摘要	借方发生额	贷方发生额	借或贷	余额

明细分类账

总账科目：坏账准备　　单位：元

日期	凭证号	摘要	借方发生额	贷方发生额	借或贷	余额
		期初余额				

明细分类账

总账科目：应收股利　　单位：元

日期	凭证号	摘要	借方发生额	贷方发生额	借或贷	余额

明细分类账

总账科目：应收利息　　单位：元

日期	凭证号	摘要	借方发生额	贷方发生额	借或贷	余额

明细分类账

总账科目：存货跌价准备　　单位：元

日期	凭证号	摘要	借方发生额	贷方发生额	借或贷	余额

明细分类账

总账科目：债权投资　　明细科目：捷利进出口有限公司—次付息——面值　　单位：元

日期	凭证号	摘要	借方发生额	贷方发生额	借或贷	余额
		期初余额				

明细分类账

总账科目：债权投资　　明细科目：捷利进出口有限公司一次付息——利息调整　　单位：元

日期	凭证号	摘要	借方发生额	贷方发生额	借或贷	余额
		期初余额				

明细分类账

总账科目：债权投资　　明细科目：捷利进出口有限公司一次付息——应计利息　　单位：元

日期	凭证号	摘要	借方发生额	贷方发生额	借或贷	余额
		期初余额				

明细分类账

总账科目：债权投资　　明细科目：郑新达股份有限公司分期付息——面值　　单位：元

日期	凭证号	摘要	借方发生额	贷方发生额	借或贷	余额

明细分类账

总账科目：长期股权投资　　明细科目：控股子公司——北京迪发有限公司　　单位：元

日期	凭证号	摘要	借方发生额	贷方发生额	借或贷	余额

明细分类账

总账科目：长期股权投资　　明细科目：润佳科技股份有限公司——投资成本　　单位：元

日期	凭证号	摘要	借方发生额	贷方发生额	借或贷	余额

明细分类账

总账科目：长期股权投资　　明细科目：润佳科技股份有限公司——损益调整　　单位：元

日期	凭证号	摘要	借方发生额	贷方发生额	借或贷	余额

明细分类账

总账科目：其他权益工具投资　　明细科目：邦净环保股份有限公司股票——成本　　单位：元

日期	凭证号	摘要	借方发生额	贷方发生额	借或贷	余额

明细分类账

总账科目：其他权益工具投资　　明细科目：邦净环保股份有限公司股票——公允价值变动　　单位：元

日期	凭证号	摘要	借方发生额	贷方发生额	借或贷	余额

明细分类账

总账科目：长期应收款　　明细科目：捷利进出口有限公司　　单位：元

日期	凭证号	摘要	借方发生额	贷方发生额	借或贷	余额

明细分类账

总账科目：未实现融资收益　　明细科目：捷利进出口有限公司　　单位：元

日期	凭证号	摘要	借方发生额	贷方发生额	借或贷	余额

明细分类账

总账科目：投资性房地产　　明细科目：已出租房屋——原值　　单位：元

日期	凭证号	摘要	借方发生额	贷方发生额	借或贷	余额
		期初余额				

明细分类账

总账科目：投资性房地产　　明细科目：已出租房屋——公允价值变动　　单位：元

日期	凭证号	摘要	借方发生额	贷方发生额	借或贷	余额

明细分类账

总账科目：投资性房地产累计折旧（摊销）　　明细科目：已出租房屋　　单位：元

日期	凭证号	摘要	借方发生额	贷方发生额	借或贷	余额
		期初余额				

明细分类账

总账科目：固定资产　　单位：元

日期	凭证号	摘要	借方发生额	贷方发生额	借或贷	余额
		期初余额				

明细分类账

总账科目：累计折旧　　单位：元

日期	凭证号	摘要	借方发生额	贷方发生额	借或贷	余额
		期初余额				

明细分类账

总账科目：在建工程　　明细科目：经营用设备——工程成本　　单位：元

日期	凭证号	摘要	借方发生额	贷方发生额	借或贷	余额

明细分类账

总账科目：在建工程　　明细科目：仓库自动化管理设备——工程成本　　单位：元

日期	凭证号	摘要	借方发生额	贷方发生额	借或贷	余额

明细分类账

总账科目：在建工程　　明细科目：房屋——工程成本　　单位：元

日期	凭证号	摘要	借方发生额	贷方发生额	借或贷	余额

明细分类账

总账科目：在建工程　　明细科目：房屋——预付工程款　　单位：元

日期	凭证号	摘要	借方发生额	贷方发生额	借或贷	余额

明细分类账

总账科目：固定资产清理　　单位：元

日期	凭证号	摘要	借方发生额	贷方发生额	借或贷	余额

明细分类账

总账科目：无形资产　　明细科目：土地使用权　　单位：元

日期	凭证号	摘要	借方发生额	贷方发生额	借或贷	余额
		期初余额				

明细分类账

总账科目：无形资产　　明细科目：经营管理软件　　单位：元

日期	凭证号	摘要	借方发生额	贷方发生额	借或贷	余额

明细分类账

总账科目：累计摊销　　明细科目：土地使用权　　单位：元

日期	凭证号	摘要	借方发生额	贷方发生额	借或贷	余额
		期初余额				

明细分类账

总账科目：累计摊销　　明细科目：仓库管理软件　　单位：元

日期	凭证号	摘要	借方发生额	贷方发生额	借或贷	余额

明细分类账

总账科目：递延所得税资产　　明细科目：应收账款　　单位：元

日期	凭证号	摘要	借方发生额	贷方发生额	借或贷	余额
		期初余额				

明细分类账

总账科目：递延所得税资产　　明细科目：存货　　单位：元

日期	凭证号	摘要	借方发生额	贷方发生额	借或贷	余额

明细分类账

总账科目：递延所得税资产　　明细科目：其他权益工具投资　　单位：元

日期	凭证号	摘要	借方发生额	贷方发生额	借或贷	余额

明细分类账

总账科目：应付票据　　明细科目：商业承兑汇票——益康医疗器械实业有限公司　　单位：元

日期	凭证号	摘要	借方发生额	贷方发生额	借或贷	余额

明细分类账

总账科目：应付账款　明细科目：南京华电股份有限公司　　单位：元

日期	凭证号	摘要	借方发生额	贷方发生额	借或贷	余额
		期初余额				

明细分类账

总账科目：应付账款　　明细科目：腾飞声讯有限公司　　单位：元

日期	凭证号	摘要	借方发生额	贷方发生额	借或贷	余额
		期初余额				

明细分类账

总账科目：应付职工薪酬　　明细科目：应付工资　　单位：元

日期	凭证号	摘要	借方发生额	贷方发生额	借或贷	余额

明细分类账

总账科目：应付职工薪酬　　明细科目：应付社会保险费　　单位：元

日期	凭证号	摘要	借方发生额	贷方发生额	借或贷	余额

明细分类账

总账科目：应付职工薪酬　　明细科目：应付住房公积金　　单位：元

日期	凭证号	摘要	借方发生额	贷方发生额	借或贷	余额

明细分类账

总账科目：应付职工薪酬　　明细科目：应付工会经费　　单位：元

日期	凭证号	摘要	借方发生额	贷方发生额	借或贷	余额

明细分类账

总账科目：应交税费　　明细科目：应交增值税　　　　　　　　　　单位：元

日期	凭证号	摘要	借方发生额		贷方发生额	借或贷	余额
			进项税额	已交税金	销项税额		

明细分类账

总账科目：应交税费　　明细科目：未交增值税　　单位：元

日期	凭证号	摘要	借方发生额	贷方发生额	借或贷	余额
		期初余额				

明细分类账

总账科目：应交税费　　明细科目：待转销项税额　　单位：元

日期	凭证号	摘要	借方发生额	贷方发生额	借或贷	余额

明细分类账

总账科目：应交税费　　明细科目：应交城市维护建设税　　单位：元

日期	凭证号	摘要	借方发生额	贷方发生额	借或贷	余额
		期初余额				

明细分类账

总账科目：应交税费　　明细科目：应交教育费附加　　单位：元

日期	凭证号	摘要	借方发生额	贷方发生额	借或贷	余额
		期初余额				

明细分类账

总账科目：应交税费　　明细科目：应交个人所得税　　单位：元

日期	凭证号	摘要	借方发生额	贷方发生额	借或贷	余额

明细分类账

总账科目：应交税费　　明细科目：应交所得税　　单位：元

日期	凭证号	摘要	借方发生额	贷方发生额	借或贷	余额
		期初余额				

明细分类账

总账科目：应付股利　　单位：元

日期	凭证号	摘要	借方发生额	贷方发生额	借或贷	余额

明细分类账

总账科目：其他应付款　　明细科目：应付社会保险费　　单位：元

日期	凭证号	摘要	借方发生额	贷方发生额	借或贷	余额

明细分类账

总账科目：其他应付款　　明细科目：应付住房公积金　　单位：元

日期	凭证号	摘要	借方发生额	贷方发生额	借或贷	余额

明细分类账

总账科目：长期借款　　单位：元

日期	凭证号	摘要	借方发生额	贷方发生额	借或贷	余额

明细分类账

总账科目：递延所得税负债　　明细科目：交易性金融资产　　单位：元

日期	凭证号	摘要	借方发生额	贷方发生额	借或贷	余额
		期初余额				

明细分类账

总账科目：递延所得税负债　　明细科目：投资性房地产　　单位：元

日期	凭证号	摘要	借方发生额	贷方发生额	借或贷	余额

明细分类账

总账科目：股本　　明细科目：张香　　单位：元

日期	凭证号	摘要	借方发生额	贷方发生额	借或贷	余额
		期初余额				

明细分类账

总账科目：股本　　明细科目：王红　　单位：元

日期	凭证号	摘要	借方发生额	贷方发生额	借或贷	余额
		期初余额				

明细分类账

总账科目：股本　　明细科目：李欣　　单位：元

日期	凭证号	摘要	借方发生额	贷方发生额	借或贷	余额
		期初余额				

明细分类账

总账科目：股本　　明细科目：赵刚丁　　单位：元

日期	凭证号	摘要	借方发生额	贷方发生额	借或贷	余额
		期初余额				

明细分类账

总账科目：股本　　明细科目：刘城怡　　单位：元

日期	凭证号	摘要	借方发生额	贷方发生额	借或贷	余额
		期初余额				

明细分类账

总账科目：股本　　明细科目：孙己　　单位：元

日期	凭证号	摘要	借方发生额	贷方发生额	借或贷	余额

明细分类账

总账科目：资本公积　　明细科目：股本溢价　　单位：元

日期	凭证号	摘要	借方发生额	贷方发生额	借或贷	余额

明细分类账

总账科目：其他综合收益　　单位：元

日期	凭证号	摘要	借方发生额	贷方发生额	借或贷	余额

明细分类账

总账科目：盈余公积　　明细科目：法定盈余公积　　单位：元

日期	凭证号	摘要	借方发生额	贷方发生额	借或贷	余额
		期初余额				

明细分类账

总账科目：利润分配　　明细科目：提取法定盈余公积　　单位：元

日期	凭证号	摘要	借方发生额	贷方发生额	借或贷	余额

明细分类账

总账科目：利润分配　　明细科目：向投资者分配股利　　单位：元

日期	凭证号	摘要	借方发生额	贷方发生额	借或贷	余额

明细分类账

总账科目：利润分配　　明细科目：未分配利润　　单位：元

日期	凭证号	摘要	借方发生额	贷方发生额	借或贷	余额
		期初余额				

明细分类账

总账科目：其他业务收入　　单位：元

日期	凭证号	摘要	借方发生额	贷方发生额	借或贷	余额

明细分类账

总账科目：其他业务成本　　　　　　　　　　　　　　　　　　　　单位：元

日期	凭证号	摘要	借方发生额	贷方发生额	借或贷	余额

明细分类账

总账科目：财务费用　　明细科目：利息支出　　　　　　　　　　　单位：元

日期	凭证号	摘要	借方发生额	贷方发生额	借或贷	余额

明细分类账

总账科目　财务费用　　明细科目：利息收入　　　　　　　　　　　单位：元

日期	凭证号	摘要	借方发生额	贷方发生额	借或贷	余额

明细分类账

总账科目：信用减值损失　　　　　　　　　　　　　　　　　　　　单位：元

日期	凭证号	摘要	借方发生额	贷方发生额	借或贷	余额

明细分类账

总账科目：资产减值损失　　　　　　　　　　　　　　　　　　　　单位：元

日期	凭证号	摘要	借方发生额	贷方发生额	借或贷	余额

明细分类账

总账科目：公允价值变动损益　　　　单位：元

日期	凭证号	摘要	借方发生额	贷方发生额	借或贷	余额

明细分类账

总账科目：投资收益　　　　单位：元

日期	凭证号	摘要	借方发生额	贷方发生额	借或贷	余额

明细分类账

总账科目：资产处置损益　　　　单位：元

日期	凭证号	摘要	借方发生额	贷方发生额	借或贷	余额

明细分类账

总账科目：营业外收入　　　　　　　　　　　　　　　　　　　　　　　单位：元

日期	凭证号	摘要	借方发生额	贷方发生额	借或贷	余额

明细分类账

总账科目：所得税费用　　明细科目：当期所得税费用　　　　　　　　　单位：元

日期	凭证号	摘要	借方发生额	贷方发生额	借或贷	余额

明细分类账

总账科目：所得税费用　　明细科目：递延所得税费用　　　　　　　　　单位：元

日期	凭证号	摘要	借方发生额	贷方发生额	借或贷	余额

明细分类账

总账科目：本年利润　　　　　　　　　　　　　　　　　　　　　　　　单位：元

日期	凭证号	摘要	借方发生额	贷方发生额	借或贷	余额

明细分类账

总账科目：以前年度损益调整　　　　　　　　　　　　　　　　　　　　单位：元

日期	凭证号	摘要	借方发生额	贷方发生额	借或贷	余额

3.4 数量金额式明细分类账[①]

存货明细账

总账科目：库存商品　　明细科目：红外线测距仪　　计量单位：件

日期	凭证号	摘要	收入			发出			结存		
			数量	单价	金额	数量	单价	金额	数量	单价	金额
		期初余额									

存货明细账

总账科目：库存商品　　明细科目：脉冲治疗仪　　计量单位：件

日期	凭证号	摘要	收入			发出			结存		
			数量	单价	金额	数量	单价	金额	数量	单价	金额
		期初余额									

① 数量金额式明细账采用计算机系统格式，包括库存商品、发出商品、应收退货成本、主营业务收入、其他业务收入、主营业务成本、其他业务成本等科目。

存货明细账

总账科目：库存商品　　明细科目：自动数粒仪　　计量单位：件

日期	凭证号	摘要	收入			发出			结存		
			数量	单价	金额	数量	单价	金额	数量	单价	金额

存货明细账

总账科目：库存商品　　明细科目：打印机　　计量单位：件

日期	凭证号	摘要	收入			发出			结存		
			数量	单价	金额	数量	单价	金额	数量	单价	金额

存货明细账

总账科目：库存商品　　明细科目：原子力显微镜　　计量单位：件

日期	凭证号	摘要	收入			发出			结存		
			数量	单价	金额	数量	单价	金额	数量	单价	金额
		期初余额									

存货明细账

总账科目：发出商品　　明细科目：红外线测距仪——委托 Y 公司代销　　计量单位：件

日期	凭证号	摘要	收入			发出			结存		
			数量	单价	金额	数量	单价	金额	数量	单价	金额

存货明细账

总账科目：应收退货成本　　明细科目：脉冲治疗仪　　计量单位：件

日期	凭证号	摘要	收入			发出			结存		
			数量	单价	金额	数量	单价	金额	数量	单价	金额

主营业务收入明细账

科目名称：主营业务收入　　明细科目：红外线测距仪　　计量单位：件

日期	凭证号	摘要	收入			累计			转出 金额
			数量	单价	金额	数量	单价	金额	

主营业务收入明细账

科目名称：主营业务收入　　明细科目：脉冲治疗仪　　计量单位：件

日期	凭证号	摘要	收入			累计			转出
			数量	单价	金额	数量	单价	金额	金额

主营业务收入明细账

科目名称：主营业务收入　　明细科目：自动数粒仪　　计量单位：件

日期	凭证号	摘要	收入			累计			转出
			数量	单价	金额	数量	单价	金额	金额

主营业务收入明细账

科目名称：主营业务收入　　明细科目：原子力显微镜　　计量单位：件

日期	凭证号	摘要	收入			累计			转出
			数量	单价	金额	数量	单价	金额	金额

主营业务成本明细账

科目名称：主营业务成本　　明细科目：红外线测距仪　　计量单位：件

日期	凭证号	摘要	收入			累计			转出金额
			数量	单价	金额	数量	单价	金额	

主营业务成本明细账

科目名称：主营业务成本　　明细科目：脉冲治疗仪　　计量单位：件

日期	凭证号	摘要	收入			累计			转出金额
			数量	单价	金额	数量	单价	金额	

主营业务成本明细账

科目名称：主营业务成本　　明细科目：自动数粒仪　　计量单位：件

日期	凭证号	摘要	收入			累计			转出金额
			数量	单价	金额	数量	单价	金额	

主营业务成本明细账

科目名称：主营业务成本　　明细科目：原子力显微镜

计量单位：件

日期	凭证号	摘要	收入			累计			转出金额
			数量	单价	金额	数量	单价	金额	

3.5 多栏式明细分类账①

明细分类账

科目名称：管理费用

单位：元

日期	凭证号	摘要	借方发生额									贷方发生额
			职工薪酬	办公用品	水电费	折旧费	维修费	摊销费	工会经费	其他费用	合计	

① 多栏式明细账采用计算机系统格式，主要包括管理费用、销售费用和财务费用。

续表

日期	凭证号	摘要	借方发生额									贷方发生额
			职工薪酬	办公用品	水电费	折旧费	维修费	摊销费	工会经费	其他费用	合计	

明细分类账

科目名称：销售费用

单位：元

日期	凭证号	摘要	借方发生额									贷方发生额
			职工薪酬	水电费	折旧费	摊销费	工会经费			其他费用	合计	

明细分类账

科目名称：财务费用　　　　　　　　　　　　　　　　　　　　　　　　单位：元

日期	凭证号	摘要	借方发生额									贷方发生额
			职工薪酬	水电费	折旧费	摊销费	工会经费			其他费用	合计	

第 4 部分

财务报表

4.1 资产负债表

资产负债表

编制单位：图宝商贸股份有限公司　　2021 年 12 月 31 日　　单位：元

资产	期末余额	年初余额	负债及所有者权益	期末余额	年初余额
流动资产：			流动负债：		
货币资金			短期借款		
交易性金融资产			应付票据		
应付账款			应收票据		
应收账款			预收款项		
预付款项			应付职工薪酬		
其他应收款			应交税费		
存货			其他应付款		
一年内到期的非流动资产			一年内到期的非流动负债		
持有待售资产			其他流动负债		
其他流动资产			流动负债合计		
流动资产合计			非流动负债：		
非流动资产：			长期借款		
债权投资			应付债券		
其他债权投资			长期应付款		
其他权益工具投资			预计负债		
投资性房地产			递延收益		
长期股权投资			递延所得税负债		
长期应收款			其他非流动负债		
固定资产			非流动负债合计		
在建工程			负债合计		
无形资产			所有者权益：		
开发支出			实收资本（或股本）		
商誉			资本公积		
长期待摊费用			减：库存股		
递延所得税资产			其他综合收益		
其他非流动资产			盈余公积		
非流动资产合计			未分配利润		
			所有者权益合计		
资产总计			**负债及所有者权益总计**		

4.2 利润表

利润表

编制单位：图宝商贸股份有限公司　　2021 年度　　单位：元

项目	本年金额	上年金额
一、营业收入		略
减：营业成本		
税金及附加		
销售费用		
管理费用		
财务费用		
资产减值损失		
信用减值损失		
加：公允价值变动收益（损失以“－”号填列）		
投资收益（损失以“－”号填列）		
资产处置收益（损失以“－”号填列）		
二、营业利润（亏损以“－”号填列）		
加：营业外收入		
减：营业外支出		
三、利润总额（亏损总额以“－”号填列）		
减：所得税费用		
四、净利润（净亏损以“－”号填列）		
五、其他综合收益的税后净额		
（一）不能重分类进损益的其他综合收益		
（二）将重分类进损益的其他综合收益		
1. 权益法下可转损益的其他综合收益		
2. 其他债权投资公允价值变动		
3. 其他资产转换为投资性房地产公允价值高于账面价值的差额		
4. 其他		
六、综合收益		

4.3 现金流量表

现金流量表

编制单位：图宝商贸股份有限公司　　2021 年度　　单位：元

项目	本年金额	上年金额
一、经营活动产生的现金流量：		略
销售商品、提供劳务收到的现金		
收到的税费返还		
收到其他与经营活动有关的现金		
经营活动现金流入小计		
购买商品、接受劳务支付的现金		
支付给职工以及为职工支付的现金		
支付的各项税费		
支付其他与经营活动有关的现金		
经营活动现金流出小计		
经营活动产生的现金流量净额		
二、投资活动产生的现金流量：		
收回投资收到的现金		
取得投资收益收到的现金		
处置固定资产、无形资产和其他长期资产收回的现金净额		
处置子公司及其他营业单位收到的现金净额		
收到其他与投资活动有关的现金		
投资活动现金流入小计		
购建固定资产、无形资产和其他长期资产支付的现金		
投资支付的现金		
取得子公司及其他营业单位支付的现金净额		
支付其他与投资活动有关的现金		
投资活动现金流出小计		
投资活动产生的现金流量净额		
三、筹资活动产生的现金流量：		
吸收投资收到的现金		
取得借款收到的现金		
收到其他与筹资活动有关的现金		
筹资活动现金流入小计		
偿还债务支付的现金		
分配股利、利润或偿付利息支付的现金		
支付其他与筹资活动有关的现金		
筹资活动现金流出小计		
筹资活动产生的现金流量净额		
四、汇率变动对现金及现金等价物的影响		
五、现金净增加额		
加：期初货币资金及现金等价物余额		
六、期末货币资金及现金等价物余额		

现金流量表附表（间接法）

编制单位：图宝商贸股份有限公司　　　2021 年　　　单位：元

项目	本年金额	上年金额
将净利润调节为经营活动现金流量：		略
净利润		
加：资产（信用）减值损失		
固定资产折旧		
无形资产摊销		
长期待摊费用摊销		
处置固定资产、无形资产和其他长期资产的损失（收益以“－”号填列）		
固定资产报废损失（收益以“－”号填列）		
公允价值变动损失（收益以“－”号填列）		
财务费用（收益以“－”号填列）		
投资损失（收益以“－”号填列）		
递延所得税资产减少（增加以“－”号填列）		
递延所得税负债增加（减少以“－”号填列）		
存货的减少（增加以“－”号填列）		
经营性应收项目的减少（增加以“－”号填列）		
经营性应付项目的增加（减少以“－”号填列）		
其他		
经营活动产生的现金流量净额		

4.4 所有者权益变动表

所有者权益变动表

编制单位：图宝商贸股份有限公司　　　　2021年度　　　　单位：元

项目	本年金额						
	实收资本（或股本）	资本公积	减：库存股	其他综合收益	盈余公积	未分配利润	所有者权益合计
一、上年年末余额							
加：会计政策变更							
前期差错更正							
其他							
二、本年年初余额							
三、本年增减变动金额（减少以“—”号填列）							
（一）综合收益总额							
（二）所有者投入和减少资本							
1. 所有者投入的普通股							
2. 其他权益工具持有者投入资本							
3. 股份支付计入所有者权益的金额							
4. 其他							
（三）利润分配							
1. 提取盈余公积							
2. 对所有者（或股东）的分配							
3. 其他							
（四）所有者权益内部结转							
1. 资本公积转增资本（或股本）							
2. 盈余公积转增资本（或股本）							
3. 盈余公积弥补亏损							
4. 其他							
四、本年年末余额							

中国人民大学会计系列教材·模拟实验

财务会计学模拟实验教程

林 钢 罗 敏 陈永凤 编著

中国人民大学出版社
· 北京 ·

图书在版编目（CIP）数据

财务会计学模拟实验教程/林钢，罗敏，陈永凤编著. --北京：中国人民大学出版社，2022.5
中国人民大学会计系列教材. 模拟实验
ISBN 978-7-300-30501-1

Ⅰ.①财… Ⅱ.①林…②罗…③陈… Ⅲ.①财务会计-高等学校-教材 Ⅳ.①F234.4

中国版本图书馆 CIP 数据核字（2022）第 055304 号

中国人民大学会计系列教材·模拟实验
财务会计学模拟实验教程
林 钢 罗 敏 陈永凤 编著
Caiwu Kuaijixue Moni Shiyan Jiaocheng

出版发行	中国人民大学出版社		
社　　址	北京中关村大街 31 号	**邮政编码**	100080
电　　话	010－62511242（总编室）		010－62511770（质管部）
	010－82501766（邮购部）		010－62514148（门市部）
	010－62511173（发行公司）		010－62515275（盗版举报）
网　　址	http://www.crup.com.cn		
经　　销	新华书店		
印　　刷	北京七色印务有限公司		
规　　格	185 mm×260 mm　16 开本	**版　　次**	2022 年 5 月第 1 版
印　　张	23.25	**印　　次**	2025 年 8 月第 3 次印刷
字　　数	258 000	**定　　价**	46.00 元

前　言

为了能够使学生在掌握企业会计确认、计量、报告方法的同时，了解企业会计实务操作的程序，做到理论联系实际，以便在未来的工作中尽快达到岗位要求，特编写了本教材。本教材是与《财务会计学（第 13 版・立体化数字教材版）》和《中级财务会计（第 4 版・立体化数字教材版）》配套的模拟实验教材，也可以配合其他财务会计学和中级财务会计方面的教材使用。

本教材的特点是随着教学进度分单元进行随堂模拟练习，将教学与模拟实务操作紧密结合起来，加深学生对财务会计课程的理解。本教材不需要单独开设模拟练习课，能够节省财务会计学教学的课时。

本教材根据发生的各项业务配有仿真原始凭证，并附有全部空白记账凭证、各种账簿和会计报表，便于学生进行模拟操作。

本教材的模拟业务资料分为 6 个单元。第 1 单元为货币资金、存货与应收款项模拟业务资料；第 2 单元为交易性金融资产、其他债权投资、其他权益工具投资、债权投资与长期股权投资模拟业务资料；第 3 单元为固定资产、无形资产与投资性房地产模拟业务资料；第 4 单元为流动负债、非流动负债与所有者权益模拟业务资料；第 5 单元为收入、费用与利润模拟业务资料；第 6 单元为会计政策变更模拟业务资料。其中，第 1 单元至第 5 单元为本年度全部业务资料，完成全部会计处理业务以后，可以形成本年度完整的会计账簿记录和全部会计报表。第 6 单元为下年度会计政策变更对本年度业务的追溯调整，为了简化模拟操作，本教材只要求编制相关会计报表的调整数，不要求编制调整后的会计报表。

教师在讲授完财务会计学或中级财务会计每个单元的内容以后，即可布置学生进行该单元的模拟练习。学生可以独立完成全部模拟练习，也可以几个人合作，共同完成全部模拟练习。如果教学课时充裕，教师可以在课堂上指导学生进行模拟练习；如果教学课时紧张，教师可以在课堂上布置模拟练习，学生在课后自行练习。

本教材由中国人民大学商学院林钢、陈永凤和郑州西亚斯学院罗敏编写。在本教材编写过程中，河南工学院的孔祥威老师、河南财政金融学院的李爱红老师及学生们，参与了部分原始凭证的制作和修改，在此一并表示感谢！

目　录

第 1 部分　模拟操作指南 ………… 1

第 2 部分　企业背景资料 ………… 2

2.1　企业名称、股东、注册资金 ………… 2

2.2　经营范围 ………… 2

2.3　会计政策及会计估计 ………… 2

第 3 部分　年初数据 ………… 5

3.1　2021 年度年初科目余额表 ………… 5

3.2　2021 年年初部分总账科目及其所属明细科目余额表 ………… 6

第 4 部分　本年模拟实验资料 ………… 8

4.1　第 1 单元：货币资金、存货与应收款项 ………… 8

4.2　第 2 单元：交易性金融资产、其他债权投资、其他权益工具投资、债权投资与长期股权投资 ………… 11

4.3　第 3 单元：固定资产、无形资产与投资性房地产 ………… 14

4.4　第 4 单元：流动负债、非流动负债与所有者权益 ………… 16

4.5　第 5 单元：收入、费用与利润 ………… 18

4.6　第 6 单元：会计政策变更 ………… 21

第 5 部分　模拟实验要求 ………… 23

5.1　填列资产负债表、账簿年初余额 ………… 23

5.2　第 1 单元模拟实验 ………… 23

5.3　第 2 单元模拟实验 ………… 23

5.4　第 3 单元模拟实验 ………… 24

5.5　第 4 单元模拟实验 ………… 24

5.6　第 5 单元模拟实验 ………… 24

5.7　利润结算 ………… 25

5.8 编制财务报表 …… 25
5.9 第6单元模拟实验 …… 25

第6部分 答案要点 …… 26
6.1 填列资产负债表年初余额 …… 26
6.2 第1单元科目汇总表 …… 27
6.3 第2单元科目汇总表 …… 28
6.4 第3单元科目汇总表 …… 28
6.5 第4单元科目汇总表 …… 29
6.6 第5单元科目汇总表 …… 29
6.7 2021年度科目汇总表 …… 30
6.8 利润结算 …… 32
6.9 编制财务报表 …… 33
6.10 第6单元科目汇总表 …… 39

第1部分
Chapter 1 模拟操作指南

为了使学生将所学知识与企业会计实务相结合，本书为一套完整的模拟练习资料，可以根据教学进度分步进行模拟练习，在完成全部模拟练习以后，将形成一套完整的企业会计凭证、账簿、报表资料，增强学生对企业会计实务的感性认识。①

本模拟实验资料分为6个单元。其中，第1单元为货币资金、存货与应收款项模拟实验资料；第2单元为交易性金融资产、其他债权投资、其他权益工具投资、债权投资与长期股权投资模拟实验资料；第3单元为固定资产、无形资产与投资性房地产模拟实验资料；第4单元为流动负债、非流动负债与所有者权益模拟实验资料；第5单元为收入、费用与利润模拟实验资料；第6单元为会计政策变更模拟实验资料。

本模拟实验操作分为4个步骤：

（1）根据第3部分年初余额资料，填列资产负债表年初数，填列总账科目和明细科目年初余额。

（2）根据第1单元至第5单元资料，编制记账凭证，登记账簿。

（3）根据第1单元至第5单元登记账簿的结果，编制财务报表，进行利润结算。

（4）根据第6单元资料，编制记账凭证，登记账簿，编制财务报表（仅填列调整金额）。

---

① 需要说明的是：

（1）本模拟实验按照课程章节进行操作，无法完全按照日期排序，因此，在模拟实验过程中，只需要按照各单元的业务顺序进行。

（2）为了简化原始凭证，本模拟实验假定各项采购、销售以及水电等其他相关业务均已签订合法的合同，本模拟实验不再列示相关合同资料。

（3）基于所得税费用在（中级）财务会计课程中不作为重点内容讲授，因此，在第5单元模拟实验所得税纳税调整时，采用简化的处理方法，仅调整指定项目，其他项目不再调整。

（4）为了简化模拟实验操作，所有金额的计算结果均保留至元，元以下四舍五入。

C 第 2 部分
Chapter 2 企业背景资料

2.1 企业名称、股东、注册资金

图宝商贸股份有限公司（以下简称“图宝商贸公司”）于 2019 年 1 月 8 日在北京市市场监督管理局注册登记。总股本为 10 000 000 股，每股面值为 1 元，其中，张香持有 4 000 000 股，王红持有 2 000 000 股，李欣持有 2 000 000 股，赵刚丁持有 1 500 000 股，刘城怡持有 500 000 股。

2.2 经营范围

图方商贸公司从事电子仪器批发等业务。

2.3 会计政策及会计估计

1. 财务报表的编制基础

图宝商贸公司执行财政部于 2006 年 2 月 15 日颁布的《企业会计准则——基本准则》和后续颁布及修订的多项具体会计准则、企业会计准则应用指南以及其他相关规定（以下简称“企业会计准则”）。

2. 会计期间

图宝商贸公司会计年度为公历 1 月 1 日起至 12 月 31 日止。

3. 记账本位币

图宝商贸公司记账本位币为人民币。

4. 现金及现金等价物的确定标准

公司编制现金流量表时，现金是指库存现金及可随时用于支付的存款；现金等价物是指持有的期限短（购入时距到期日不足 3 个月）、流动性强、易于转换为已知金额现金及价值变动风险很小的债券投资。

5. 存货计价方法

发出存货采用先进先出法；期末存货采用成本与可变现净值孰低法，实行单项比较，分别于每年 6 月 30 日和 12 月 31 日计提存货跌价准备。

6. 应收款项减值

（1）应收账款减值。采用账龄分析法计提坏账准备，账龄在 1 年以上的计提比例为 1%，账龄在 1 年以内的计提比例为 0.2%。分别于每年 6 月 30 日和 12 月 31 日计提坏账准备。

（2）其他应收及预付款项。无特殊说明，不计提坏账准备。

图宝商贸公司不设置“预收账款”科目，预收款项通过“应收账款”科目核算。

图宝商贸公司不设置“预付账款”科目，预付款项通过“应付账款”科目核算。

7. 债权投资摊余成本

债权投资摊余成本采用实际利率法进行计量，于 6 月 30 日和 12 月 31 日确认利息收入。

8. 交易性金融资产、其他债权投资与其他权益工具投资

交易性金融资产、其他债权投资与其他权益工具投资按公允价值计量，分别于 6 月 30 日和 12 月 31 日确认公允价值变动。

9. 长期股权投资后续计量

对子公司的长期股权投资采用成本法进行后续计量；对联营公司的长期股权投资采用权益法进行后续计量。

10. 固定资产折旧

固定资产折旧采用年限平均法，实行单项折旧，预计净残值率为 4%；房屋折旧年限为 50 年，一般设备折旧年限为 10 年，电子设备折旧年限为

4年。

11. 无形资产摊销

土地使用权摊销年限为50年，预计净残值为0。

12. 投资性房地产计量

投资性房地产采用成本模式进行后续计量，采用年限平均法计提折旧，房屋预计使用年限为50年，预计净残值率为4%。

13. 借款费用

符合资本化条件的借款费用计入相关资产成本，不符合资本化条件的借款费用计入当期损益。

14. 职工薪酬

按照当期实际发生的职工薪酬进行分配。

15. 应交税费

图宝商贸公司为增值税一般纳税人，适用的增值税税率分别为13%，9%，6%；适用的城市维护建设税税率为7%；适用的教育费附加征收率为5%；适用的所得税税率为25%。

16. 费用分配

经营部门发生的费用计入销售费用；行政管理部门发生的费用计入管理费用。

17. 所得税费用

所得税费用采用资产负债表债务法进行核算。

C 第3部分 Chapter 3 年初数据

3.1 2021年度年初科目余额表

2021年度年初总账科目余额表

2021年度

单位：元

科目名称	借方余额	贷方余额
库存现金	1 000	
银行存款	3 323 650	
其他货币资金	1 000 000	
交易性金融资产	46 000	
应收票据	0	
应收账款	470 000	
坏账准备		1 000
库存商品	736 000	
发出商品	160 000	
应收退货成本	0	
存货跌价准备		0
其他权益工具投资	0	
债权投资	198 400	
长期股权投资	350 000	
长期应收款	0	
未实现融资收益	0	
投资性房地产	1 000 000	

续表

科目名称	借方余额	贷方余额
投资性房地产累计折旧（摊销）		12 800
固定资产	4 000 000	
累计折旧		160 000
在建工程	0	
无形资产	1 200 000	
累计摊销		24 000
固定资产清理	0	
递延所得税资产	250	
应付票据		0
应付账款		150 000
应付职工薪酬		0
应交税费		136 000
其他应付款		0
长期借款		0
递延所得税负债		1 500
股本		10 000 000
资本公积		0
其他综合收益		0
盈余公积		200 000
利润分配		1 800 000
合计	12 485 300	12 485 300

3.2　2021年年初部分总账科目及其所属明细科目余额表

2021年年初部分总账科目及其所属明细科目余额表　　单位：元

科目名称	借方余额	贷方余额
其他货币资金	1 000 000	
——银行汇票存款	1 000 000	
交易性金融资产	46 000	
——达天能源股份有限公司——成本（10 000股）	40 000	
——达天能源股份有限公司——公允价值变动	6 000	
应收账款	470 000	
——北京迅达电子有限公司	500 000	
——首安水利有限公司		30 000
库存商品	736 000	
——红外线测距仪（800件，单价800元）	640 000	
——脉冲治疗仪（200件，单价480元）	96 000	

续表

科目名称	借方余额	贷方余额
发出商品	160 000	
——红外线测距仪（受托代销瑞科测控仪器有限公司 200 件）	160 000	
债权投资（一次付息）	198 400	
——债券面值	200 000	
——利息调整		6 600
——应计利息	5 000	
长期股权投资	350 000	
——控股子公司北京迪发（35 000 股，持股比例 70%）	350 000	
无形资产	1 200 000	
——土地使用权	1 200 000	
累计摊销		24 000
——土地使用权		24 000
投资性房地产	1 000 000	
——已出租房屋	1 000 000	
投资性房地产累计折旧（摊销）		12 800
——已出租房屋		12 800
应付账款		150 000
——南京华电股份有限公司		200 000
——腾飞声讯有限公司	50 000	
应交税费		136 000
——应交增值税		0
——未交增值税		50 000
——应交城市维护建设税		3 500
——应交教育费附加		2 500
——应交个人所得税		0
——应交所得税		80 000
盈余公积		200 000
——法定盈余公积		200 000

第4部分

Chapter 4 本年模拟实验资料

4.1 第1单元：货币资金、存货与应收款项

图宝商贸公司2021年发生的有关货币资金、存货与应收款项业务资料如下：

(1) 2021年2月21日，图宝商贸公司用库存现金从晨光文具店购买管理用办公用品，价款300元，增值税39元，合计339元。

原始凭证： 1-1-1增值税专用发票

(2) 2021年10月10日，图宝商贸公司用银行存款支付水费10 000元，增值税900元，合计10 900元；其中，经营部门耗用70%，管理部门耗用30%。

原始凭证：

1-1-2银行付款凭证

1-1-3水费发票（增值税专用发票）

1-1-4各部门用水量记录表

(3) 2021年11月10日，图宝商贸公司用银行存款支付电费8 000元，增值税1 040元，合计9 040元；其中，经营部门耗用60%，管理部门耗用40%。

原始凭证：

1-1-5银行付款凭证

1-1-6电费发票（增值税专用发票）

1-1-7各部门用电量记录表

(4) 2021年12月10日，图宝商贸公司用银行存款支付本年从京东商城零

星购买的办公用品支出20 000元（未取得增值税专用发票），其中，经营部门耗用60%，管理部门耗用40%；已经交付转账支票。

原始凭证：

1-1-8 普通发票

1-1-9 支票存根

1-1-10 各部门耗用办公用品汇总表

（5）2021年3月14日，图宝商贸公司用2020年12月28日签发给郑新达科技有限公司的银行汇票1 000 000元，购入红外线测距仪1 000件，价款810 000元，增值税105 300元，合计915 300元。2021年3月15日，商品验收入库。

原始凭证：

1-1-11 银行汇票结算联

1-1-12 增值税专用发票

1-1-13 商品入库单

（6）2021年3月14日签发给郑新达科技有限公司的银行汇票剩余款项84 700元转回图宝商贸公司。

原始凭证：

1-1-14 银行汇票余款转回联

（7）2021年3月18日，图宝商贸公司采用赊销方式向北京迅达电子有限公司销售红外线测距仪1 500件，价款1 800 000元，增值税234 000元，合计2 034 000元。

原始凭证：

1-1-15 销售发票（增值税专用发票）

1-1-16 商品出库单

1-1-17 欠款凭据

（8）2021年4月11日，图宝商贸公司从润佳科技股份有限公司购买红外线测距仪2 000件，价款1 700 000元，增值税221 000元，合计1 921 000元，商品验收入库，已经交付支票。

原始凭证：

1-1-18 增值税专用发票

1-1-19 付款通知书

1-1-20 商品入库单

（9）2021年6月30日，图宝商贸公司向益康医疗器械实业有限公司签发不带息的商业承兑汇票，购买脉冲治疗仪300件，价款150 000元，增值税19 500元，合计169 500元，商品验收入库，商业承兑汇票到期日为2021年12月31日。

原始凭证：

1-1-21 商业承兑汇票结算联

1－1－22 增值税专用发票

1－1－23 商品入库单

(10) 2021 年 6 月 30 日，图宝商贸公司向展图工程技术有限公司销售红外线测距仪 1 800 件，价款 2 124 000 元，增值税 276 120 元，合计 2 400 120 元；收到支票，存入银行。

原始凭证：

1－1－24 销售发票（增值税专用发票）

1－1－25 银行进账单

1－1－26 商品出库单

(11) 2021 年 6 月 30 日，图宝商贸公司向首安水利有限公司销售红外线测距仪 100 件，价款 130 000 元，增值税 16 900 元，合计 146 900 元；2020 年预收首安水利有限公司款项 30 000 元，补收差额 116 900 元，收到支票，存入银行。

原始凭证：

1－1－27 销售发票（增值税专用发票）

1－1－28 银行进账单

1－1－29 商品出库单

(12) 2021 年 6 月 30 日，图宝商贸公司向倍康医疗器械有限公司销售脉冲治疗仪 400 件，价款 320 000 元，增值税 41 600 元，合计 361 600 元；收取期限为 6 个月的不带息银行承兑汇票。

原始凭证：

1－1－30 销售发票（增值税专用发票）

1－1－31 银行承兑汇票

1－1－32 商品出库单

(13) 2021 年 8 月 8 日，图宝商贸公司将银行承兑汇票贴现；贴现率为 5%（日贴现率按照 360 天计算），贴现利息 7 232 元（361 600×5%÷360×144）确认为当期财务费用。

原始凭证：

1－1－33 贴现入账单

(14) 2021 年 6 月 30 日，图宝商贸公司收回北京迅达电子有限公司偿还上年及本年应收账款 2 000 000 元，收到支票，存入银行。

原始凭证：

1－1－34 银行进账单

(15) 2021 年 9 月 21 日，图宝商贸公司以汇兑结算方式偿还 2020 年应付南京华电股份有限公司部分账款 150 000 元。

原始凭证：

1－1－35 银行汇款单

(16) 2021 年 6 月 30 日，图宝商贸公司向腾飞声讯有限公司购买自动数粒

仪 20 件，价款 100 000 元，增值税 13 000 元，合计 113 000 元，商品验收入库；2020 年预付账款 50 000 元，余款尚未支付。

原始凭证：

1-1-36 增值税专用发票

1-1-37 商品入库单

1-1-38 欠款单

(17) 2021 年 6 月 30 日，图宝商贸公司计提坏账准备（根据账簿记录，应收账款均为 1 年以内）。

原始凭证：

1-1-39 计提坏账准备计算表

(18) 2021 年 6 月 30 日，根据图宝商贸公司会计政策（5）的规定计提存货跌价准备。各项商品均未签订销售合同，期末不含增值税的售价为：红外线测距仪 1 200 元，脉冲治疗仪 480 元，自动数粒仪 6 000 元；假定不考虑销售费用和相关税费。

原始凭证：

1-1-40 计提存货跌价准备计算表

(19) 编制第 1 单元科目汇总表。

原始凭证：

1-1-41 第 1 单元科目汇总表

4.2　第 2 单元：交易性金融资产、其他债权投资、其他权益工具投资、债权投资与长期股权投资

(1) 2021 年 3 月 25 日，图宝商贸公司出售 2020 年购入的达天能源股份有限公司股票（确认为交易性金融资产）10 000 股，收到价款 50 000 元（已扣除相关税费 200 元），存入银行。

原始凭证：

1-2-1 证券公司对账单

1-2-2 银行进账单

1-2-3 证券公司收取税费收据

(2) 5 月 20 日，图宝商贸公司购入嘉华娱乐股份有限公司股票 20 000 股，以银行存款支付价款 60 000 元，手续费 180 元，合计 60 180 元，确认为交易性金融资产（假定手续费不需要进行所得税纳税调整）。

原始凭证：

1-2-4 证券公司对账单

1-2-5 付款通知书

1-2-6 证券公司收取税费收据

(3) 6月30日，嘉华娱乐股份有限公司的股票每股公允价值为3.5元，确认交易性金融资产公允价值变动。

原始凭证：

1-2-7 证券公司对账单

1-2-8 股票市价

1-2-9 公允价值变动计算表

(4) 8月10日，图宝商贸公司出售5 000股嘉华娱乐股份有限公司股票，收到价款20 000元（已扣除相关税费60元），存入银行。

原始凭证：

1-2-10 证券公司对账单

1-2-11 银行进账单

1-2-12 证券公司收取税费收据

(5) 12月31日，嘉华娱乐股份有限公司股票每股公允价值为5元，确认交易性金融资产公允价值变动。

原始凭证：

1-2-13 证券公司对账单

1-2-14 股票市价

1-2-15 公允价值变动计算表

(6) 5月5日，图宝商贸公司购入邦净环保股份有限公司限售股票30 000股，以银行存款支付价款90 000元，手续费270元，合计90 270元，确认为其他权益工具投资。

原始凭证：

1-2-16 证券公司对账单

1-2-17 付款通知书

1-2-18 证券公司收取税费收据

(7) 6月30日，邦净环保股份有限公司股票每股公允价值为2.6元，确认其他权益工具投资公允价值变动。

原始凭证：

1-2-19 证券公司对账单

1-2-20 股票市价

1-2-21 公允价值变动计算表

(8) 6月30日，确认债权投资（到期一次付息，2020年取得）上半年的利息收入。该债权投资的票面利率为5%，实际利率为6%。

原始凭证：

1-2-22 债权投资利息计算表

(9) 7月1日，图宝商贸公司用银行存款按照面值购入当天发行的分期付息3年期债券，面值为300 000元，票面利率为5%，下一年开始每年7月1日支付利息，假定未发生交易费用，确认为债权投资。

原始凭证：

1－2－23 债券购入凭证

1－2－24 付款通知书

(10) 12 月 31 日，确认债权投资 2021 年下半年的利息收入（2020 年取得，一次付息，计算结果保留至元）。

原始凭证：

1－2－25 债权投资利息计算表

(11) 12 月 31 日，确认 7 月 1 日购入分期付息债券利息收入。

原始凭证：

1－2－26 债权投资利息计算表

(12) 12 月 30 日，子公司（北京迪发股份有限公司）宣告分派现金股利，每股 0.4 元（持股比例 70%）。

原始凭证：

1－2－27 子公司公告

1－2－28 应收股利计算表

(13) 12 月 31 日，图宝商贸公司收到子公司发放的现金股利。

原始凭证：

1－2－29 银行进账单

(14) 7 月 1 日，图宝商贸公司购入润佳科技股份有限公司股票 20 000 股，占润佳科技股份有限公司股本的 20%，对润佳科技股份有限公司有重大影响，以银行存款支付买价 100 000 元，相关交易费用 1 000 元。当日，润佳科技股份有限公司可辨认净资产账面价值为 370 000 元，公允价值为 530 000 元，差额为固定资产公允价值与账面价值的差额。润佳科技股份有限公司固定资产采用年限平均法计提折旧，固定资产剩余年限为 10 年。

原始凭证：

1－2－30 证券公司对账单

1－2－31 付款通知书

1－2－32 证券公司收取税费收据

(15) 12 月 19 日，图宝商贸公司从联营公司润佳科技股份有限公司购入打印机 100 件，价款 100 000 元，增值税 13 000 元，合计 113 000 元，签发支票支付货款；商品验收入库，至年末尚未出售。润佳科技股份有限公司该批商品的总成本为 80 000 元。

原始凭证：

1－2－33 增值税专用发票

1－2－34 付款通知书

1－2－35 商品入库单

(16) 12 月 31 日，图宝商贸公司确认对润佳科技股份有限公司的投资收益（需要调整未实现内部收益）。润佳科技股份有限公司全年净利润为 120 000 元。

原始凭证：

1-2-36 润佳科技股份有限公司 2021 年度利润表

1-2-37 投资收益计算表

(17) 编制第 2 单元科目汇总表。

原始凭证：

1-2-38 第 2 单元科目汇总表

4.3 第 3 单元：固定资产、无形资产与投资性房地产

(1) 5 月 28 日，图宝商贸公司用银行存款购入一套需要安装的仓库保管设备，买价 200 000 元，增值税 26 000 元，合计 226 000 元。5 月 31 日，已交付转账支票。

原始凭证：

1-3-1 增值税专用发票

1-3-2 付款通知书

1-3-3 设备验收单

(2) 6 月 8 日，图宝商贸公司用银行存款支付安装劳务费 5 000 元，增值税 650 元，合计 5 650 元。

原始凭证：

1-3-4 增值税专用发票

1-3-5 付款通知书

(3) 6 月 9 日，仓库保管设备安装完成投入使用，预计使用年限为 10 年。

原始凭证：

1-3-6 安装工程验收单

(4) 6 月 25 日，图宝商贸公司购入一套不需要安装的行政管理设备，以银行存款支付买价 80 000 元，增值税 10 400 元，合计 90 400 元；设备投入使用，预计使用年限为 10 年。

原始凭证：

1-3-7 增值税专用发票

1-3-8 付款通知书

1-3-9 设备验收单

(5) 7 月 2 日，图宝商贸公司出售一台行政管理设备，原始价值为 20 000 元，预计使用年限为 10 年，累计折旧为 1 600 元；收取价款 16 000 元，增值税 2 080 元，合计 18 080 元，收到支票，存入银行。全部手续办理完毕。

原始凭证：

1-3-10 增值税专用发票

1-3-11 银行进账单

1－3－12 固定资产调拨单

(6) 8 月 23 日，图宝商贸公司用银行存款支付设备维修费 3 000 元，增值税 390 元，合计 3 390 元。

原始凭证：

1－3－13 增值税专用发票

1－3－14 付款通知书

(7) 12 月 31 日，图宝商贸公司汇总计提当年固定资产折旧。① 2020 年 12 月份的折旧额为 14 000 元，其中经营用固定资产折旧为 8 400 元，管理用固定资产折旧为 5 600 元。按照 12 月折旧额计算的全年折旧额为 168 000 元，其中经营用固定资产折旧为 100 800 元，管理用固定资产折旧为 67 200 元。

原始凭证：

1－3－15 固定资产折旧计算表

(8) 7 月 1 日，图宝商贸公司与展图工程技术有限公司签订协议，出包建造一套仓库自动化管理设备，建造期限 10 个月；12 月 31 日，支付工程款 200 000 元，增值税 26 000 元，合计 226 000 元。

原始凭证：

1－3－16 增值税专用发票

1－3－17 付款通知书

(9) 7 月 6 日，图宝商贸公司购入一套经营用计算机管理软件，用银行存款支付买价 10 000 元，增值税 1 300 元，合计 11 300 元；预计使用年限为 5 年，预计净残值为 0。

原始凭证：

1－3－18 增值税专用发票

1－3－19 付款通知书

1－3－20 软件使用验收单

(10) 12 月 31 日，汇总摊销全年无形资产成本。② 土地使用权 60%用于经营，40%用于行政管理。

原始凭证：

1－3－21 无形资产摊销计算表

(11) 1 月 3 日，图宝商贸公司收取当年出租投资性房地产（房屋）租金 40 000 元，增值税 3 600 元，合计 43 600 元。

原始凭证：

1－3－22 增值税专用发票

1－3－23 银行进账单

---

① 为了简化模拟实验，不再分月计提固定资产折旧。

② 为了简化模拟实验，不再分月摊销无形资产成本。

(12) 12 月 31 日，根据会计政策（12）汇总计提当年投资性房地产折旧。①

原始凭证：

1－3－24 投资性房地产折旧计算表

(13) 编制第 3 单元科目汇总表。

原始凭证：

1－3－25 第 3 单元科目汇总表

4.4 第 4 单元：流动负债、非流动负债与所有者权益

(1) 7 月 1 日，为了建造仓库，图宝商贸公司借入长期专门借款 1 000 000 元，年利率为 6%，于每年年末支付利息。

原始凭证：

1－4－1 银行进账单

(2) 8 月 1 日，图宝商贸公司与泰昌建筑有限公司签订建造合同，不含增值税的价款为 2 000 000 元，以银行存款预付工程款 400 000 元；工程于当日开工。

原始凭证：

1－4－2 预付工程款收据

1－4－3 支票存根

(3) 12 月 31 日，结算工程进度款 800 000 元，增值税 72 000 元；以银行存款补付工程款 472 000 元。

原始凭证：

1－4－4 工程结算单

1－4－5 增值税专用发票

1－4－6 支票存根

(4) 12 月 31 日，图宝商贸公司支付长期借款利息 30 000 元。

原始凭证：

1－4－7 利息结算凭证

1－4－8 资本化金额计算表

(5) 12 月 31 日，图宝商贸公司收到银行存款利息 6 900 元，其中 900 元属于暂时闲置专门借款的存款利息。

原始凭证：

1－4－9 利息结算单

---

① 为了简化模拟实验，不再分月计提投资性房地产折旧。

(6) 12 月 15 日，图宝商贸公司发放职工工资。①

原始凭证：

1－4－10 工资结算汇总表

1－4－11 支票存根

(7) 12 月 31 日，图宝商贸公司结转代扣社会保险费、住房公积金和个人所得税。

原始凭证：

1－4－10 工资结算汇总表

(8) 12 月 31 日，图宝商贸公司分配工资费用。

原始凭证：

1－4－10 工资结算汇总表

(9) 12 月 15 日，图宝商贸公司计提社会保险费及住房公积金。

原始凭证：

1－4－12 社会保险费及住房公积金分配表

(10) 12 月 31 日，图宝商贸公司缴纳社会保险费，其中，职工个人负担部分 190 000 元，企业负担部分 285 000 元，合计 475 000 元。

原始凭证：

1－4－13 社会保险费结算单

1－4－14 支票存根

(11) 12 月 31 日，图宝商贸公司缴纳住房公积金，其中，职工个人负担部分 160 000 元，企业负担部分 160 000 元，合计 320 000 元。

原始凭证：

1－4－15 住房公积金汇缴书

1－4－16 支票存根

(12) 12 月 31 日，图宝商贸公司缴纳个人所得税 80 000 元。

原始凭证：

1－4－17 个人所得税缴纳回单

1－4－18 支票存根

(13) 12 月 31 日，图宝商贸公司按照工资总额的 2.5%计提工会经费。

原始凭证：

1－4－19 工会经费计算表

(14) 12 月 31 日，图宝商贸公司支付工会经费 32 000 元。

原始凭证：

1－4－20 工会经费收据

1－4－21 支票存根

(15) 1 月 15 日，图宝商贸公司缴纳 2020 年应交增值税 50 000 元，应交城

① 为了简化模拟实验，汇总计算全年工资，汇总计算社会保险费。

市维护建设税 3 500 元，应交教育费附加 2 500 元，应交企业所得税 80 000 元。

原始凭证：

1 - 4 - 22 税收完税证明

1 - 4 - 23 支票存根

(16) 12 月 31 日，图宝商贸公司预交本年企业所得税 256 000 元。

原始凭证：

1 - 4 - 24 税收完税证明

1 - 4 - 25 支票存根

(17) 5 月 9 日，图宝商贸公司宣告分配 2020 年度股利，每股 0.05 元（含税）。

原始凭证：

1 - 4 - 26 股东大会决议

1 - 4 - 27 股利分配明细表

(18) 12 月 31 日，图宝商贸公司支付现金股利 400 000 元，结转应交个人所得税 100 000 元。

原始凭证：

1 - 4 - 28 股利分配明细表

1 - 4 - 29 支票存根

(19) 12 月 31 日，图宝商贸公司缴纳个人所得税 100 000 元。

原始凭证：

1 - 4 - 30 代扣代缴个人所得税明细表

1 - 4 - 31 支票存根

(20) 12 月 31 日，图宝商贸公司向孙己定向发行股票 1 000 000 股，发行价格为 1 500 000 元，发行费用为 50 000 元。实际收到发行净价 1 450 000 元，存入银行。

原始凭证：

4 - 4 - 32 投资协议书

4 - 4 - 33 银行进账单

(21) 编制第 4 单元科目汇总表。

原始凭证：

1 - 4 - 34 第 4 单元科目汇总表

4.5 第 5 单元：收入、费用与利润

(1) 7 月 1 日，图宝商贸公司受托代销瑞科测控仪器有限公司的红外线测距仪 200 件全部出售，开具增值税专用发票。代销合同规定，图宝商贸公司采用视同买断方式代销红外线测距仪，不含增值税的结算价格为每件 1 100 元。

原始凭证：

1-5-1 委托代销清单

1-5-2 增值税专用发票

(2) 7 月 5 日，图宝商贸公司收到瑞科测控仪器有限公司支付的代销款项 248 600 元，存入银行。

原始凭证：

1-5-3 银行入账单

(3) 8 月 1 日，图宝商贸公司向驰名医药有限公司销售脉冲治疗仪 70 件，单位成本每件 500 元，不含增值税的单位价款为 490 元；销售合同规定，驰名医药有限公司在 3 个月内可以无条件退货，未退货的商品价款在退货期满时支付。图宝公司无法合理估计驰名医药有限公司退货的可能性。

原始凭证：

1-5-4 商品出库单

1-5-5 驰名医药有限公司商品签收单

(4) 10 月 25 日，图宝商贸公司收到驰名医药有限公司退回的脉冲治疗仪 10 件。

原始凭证：

1-5-6 退货单

1-5-7 商品入库单

(5) 11 月 1 日，图宝商贸公司收到驰名医药有限公司支付的 60 件脉冲治疗仪价款 29 400 元，增值税 3 822 元，合计 33 222 元，存入银行。

原始凭证：

1-5-8 增值税专用发票

1-5-9 银行进账单

1-5-10 结转跌价准备计算表

(6) 12 月 31 日，脉冲治疗仪不含增值税的市场销售价格为 490 元，调整脉冲治疗仪跌价准备。

原始凭证：

1-5-11 计提存货跌价准备计算表

(7) 12 月 15 日，图宝商贸公司向首农股份有限公司销售自动数粒仪 15 件，价款 150 000 元，增值税 19 500 元，合计 169 500 元，款项收到，存入银行。销售合同规定，图宝商贸公司负责产品安装调试，但该产品安装调试工作较为简单。

原始凭证：

1-5-12 增值税专用发票

1-5-13 银行进账单

1-5-14 商品出库单

(8) 7 月 1 日，图宝商贸公司从捷利进出口有限公司购入原子力显微镜 10 件，用银行存款支付价款 3 000 000 元，增值税 390 000 元，合计 3 390 000 元。

原始凭证：

1－5－15 增值税专用发票

1－5－16 支票存根

1－5－17 商品入库单

（9）7 月 1 日，图宝商贸公司采用分期收款方式向华辉科技有限公司销售原子力显微镜 10 件，价款为 5 400 000 元，增值税为 702 000 元，合计 6 102 000 元；该商品不含增值税的现销价格为 4 500 000 元。合同规定，华辉科技有限公司自 2021 年 12 月 31 日起分 6 次等额付款，每半年付款一次，付款时图宝商贸公司开具增值税专用发票。假定不需要进行所得税纳税调整，也不计提减值准备。

原始凭证：

1－5－18 商品出库单

1－5－19 华辉科技有限公司商品签收单

（10）11 月 10 日，图宝商贸公司从捷利进出口有限公司购入原子力显微镜 10 件，用银行存款支付价款 3 000 000 元，增值税 390 000 元，合计 3 390 000 元。

原始凭证：

1－5－20 增值税专用发票

1－5－21 支票存根

1－5－22 商品入库单

（11）12 月 1 日，图宝商贸公司采用短期分期收款方式向格源生物科技有限公司销售原子力显微镜 10 件，价款为 4 500 000 元，增值税为 585 000 元，合计 5 085 000 元。合同规定，格源生物科技有限公司于 2021 年 12 月 31 日和 2022 年 1 月 31 日分 2 次付款，付款时图宝商贸公司开具增值税专用发票。假定不需要进行所得税纳税调整。

原始凭证：

1－5－23 商品出库单

1－5－24 格源生物科技有限公司商品签收单

（12）12 月 31 日，图宝商贸公司收到格源生物科技有限公司的支票，支付第一次货款 2 542 500 元，存入银行；图宝商贸公司开具增值税专用发票，其中，价款 2 250 000 元，增值税 292 500 元。

原始凭证：

1－5－25 增值税专用发票

1－5－26 银行进账单

（13）12 月 31 日，图宝商贸公司收到华辉科技有限公司支票，支付第一次货款 1 017 000 元，存入银行；图宝商贸公司开具增值税专用发票，其中，价款 900 000 元，增值税 117 000 元。摊销未实现融资收益的实际利率为 5.48%。

原始凭证：

1－5－27 增值税专用发票

1－5－28 银行进账单

1－5－29 未实现融资收益摊销计算表

(14) 12 月 31 日，图宝商贸公司计提坏账准备。

原始凭证：

1－5－30 计提坏账准备计算表

(15) 12 月 31 日，图宝商贸公司结转应交城市维护建设税和教育费附加。

(16) 12 月 31 日，图宝商贸公司结转应交所得税（仅需要调整与信用减值损失、资产减值损失和公允价值变动损益项目有关的金额）。

原始凭证：

1－5－31 应交所得税计算表

(17) 12 月 31 日，图宝商贸公司确认递延所得税资产（仅需要调整应收账款、存货和其他权益工具投资，计算结果保留到元）。

原始凭证：

1－5－32 递延所得税资产计算表

(18) 12 月 31 日，图宝商贸公司确认递延所得税负债（仅需要调整交易性金融资产）。

原始凭证：

1－5－33 递延所得税负债计算表

(19) 12 月 31 日，图宝商贸公司提取法定盈余公积（计算结果保留到元）。

原始凭证：

1－5－34 法定盈余公积计算表

(20) 编制第 5 单元科目汇总表。

原始凭证：

1－5－35 第 5 单元科目汇总表

4.6　第 6 单元：会计政策变更

(1) 图宝商贸公司于 2022 年 1 月 1 日变更会计政策：投资性房地产采用公允价值计量。

根据房地产市场的相关报价，图宝商贸公司出租房屋 2020 年 12 月 31 日的公允价值为 1 200 000 元；2021 年 12 月 31 日的公允价值为 1 300 000 元。公司投资性房地产的账面价值与计税基础相同。2021 年度财务报表尚未经董事会批准报出。

原始凭证：

1－6－1 房地产市场的相关报价

1－6－2 投资性房地产会计政策变更累积影响数计算表

(2) 12 月 31 日，编制第 6 单元科目汇总表。

原始凭证：

1-6-3 第 6 单元科目汇总表

（3）编制资产负债表（年末数调整金额）。

原始凭证：

1-6-4 资产负债表（年末数调整金额）

（4）编制资产负债表（年初数调整金额）。

原始凭证：

1-6-5 资产负债表（年初数调整金额）

（5）编制利润表（调整金额）。

原始凭证：

1-6-6 利润表（调整金额）

（6）编制所有者权益变动表（调整金额）。

原始凭证：

1-6-7 所有者权益变动表（调整金额）

说明：为了简化模拟实验，本单元操作中仅需要填列财务报表中各相关项目的调整金额。根据调整前各财务报表各相关项目金额，加减调整金额，即为调整后各财务报表各相关项目金额（本步骤略）。

C 第 5 部分
Chapter 5 模拟实验要求

5.1 填列资产负债表、账簿年初余额

根据图宝商贸公司 2021 年度年初总账科目余额表和部分明细科目余额表，填列资产负债表年初余额，填列总分类账和明细分类账年初余额。

5.2 第 1 单元模拟实验

完成货币资金、存货、应收票据、应收账款、预收账款等内容的学习后，完成下列实验：

（1）根据第 1 单元模拟实验资料及相关原始凭证（见实训手册第 1 部分，下同），逐笔编制记账凭证。

（2）编制每张记账凭证后即时登记明细账，逐笔结转商品销售成本，结出明细账余额。

（3）根据记账凭证编制第 1 单元科目汇总表。

（4）根据科目汇总表登记相关总账，结出总账余额。

（5）将总账余额与所属明细账余额之和进行核对。

5.3 第 2 单元模拟实验

完成债权投资、其他债权投资、其他权益工具投资、交易性金融资产和长期股权投资等内容的学习后，完成下列实验：

（1）根据第 2 单元模拟实验资料及相关原始凭证，逐笔编制记账凭证。

（2）编制每张记账凭证后即时登记明细账，逐笔结转商品销售成本，结出明细账余额。

（3）根据记账凭证编制第 2 单元科目汇总表。

（4）根据科目汇总表登记相关总账，结出总账余额。

（5）将总账余额与所属明细账余额之和进行核对。

5.4 第 3 单元模拟实验

完成固定资产、无形资产和投资性房地产等内容的学习后，完成下列实验：

（1）根据第 3 单元模拟实验资料及相关原始凭证，逐笔编制记账凭证。

（2）编制每张记账凭证后即时登记明细账，逐笔结转商品销售成本，结出明细账余额。

（3）根据记账凭证编制第 3 单元科目汇总表。

（4）根据科目汇总表登记相关总账，结出总账余额。

（5）将总账余额与所属明细账余额之和进行核对。

5.5 第 4 单元模拟实验

完成流动负债、非流动负债和所有者权益等内容的学习后，完成下列实验：

（1）根据第 4 单元模拟实验资料及相关原始凭证，逐笔编制记账凭证。

（2）编制每张记账凭证后即时登记明细账，逐笔结转商品销售成本，结出明细账余额。

（3）根据记账凭证编制第 4 单元科目汇总表。

（4）根据科目汇总表登记相关总账，结出总账余额。

（5）将总账余额与所属明细账余额之和进行核对。

5.6 第 5 单元模拟实验

完成收入、费用与利润等内容的学习后，完成下列实验：

（1）根据第 5 单元模拟实验资料及相关原始凭证，逐笔编制记账凭证。

（2）编制每张记账凭证后即时登记明细账，逐笔结转商品销售成本，结出明细账余额。

(3) 根据记账凭证编制第 5 单元科目汇总表。

(4) 根据科目汇总表登记相关总账，结出总账余额。

(5) 将总账余额与所属明细账余额之和进行核对。

5.7 利润结算

(1) 编制记账凭证，将各损益类科目余额转入“本年利润”科目。

(2) 将“本年利润”科目余额转入“利润分配——未分配利润”科目。

(3) 将“利润分配”其他明细科目余额转入“利润分配——未分配利润”科目。

(4) 根据记账凭证逐笔登记总账和相关明细账。

5.8 编制财务报表

完成财务报表等内容的学习后，完成下列实验：

根据第 1 单元至第 5 单元的账簿记录，编制资产负债表、利润表（上年数略）、所有者权益变动表（上年数略）和现金流量表（上年数略）。

5.9 第 6 单元模拟实验

完成会计变更等内容的学习后，完成下列实验：

(1) 根据第 6 单元模拟实验资料及相关原始凭证，逐笔编制记账凭证。

(2) 编制每张记账凭证后即时登记明细账，结出明细账余额。

(3) 根据记账凭证编制第 6 单元科目汇总表。

(4) 根据科目汇总表登记相关总账，结出总账余额。

(5) 将总账余额与所属明细账余额之和进行核对。

(6) 调整资产负债表年末数、资产负债表年初数，调整利润表金额和所有者权益变动表金额。

第 6 部分
Chapter 6 答案要点

6.1 填列资产负债表年初余额

资产负债表

编制单位：图宝商贸公司　　2021 年 1 月 1 日　　单位：元

资产	期末余额	年初余额	负债及所有者权益	期末余额	年初余额
流动资产：			流动负债：		
货币资金		4 324 650	短期借款		0
交易性金融资产		46 000	应付票据		0
应收票据		0	应付账款		200 000
应收账款		499 000	预收账款		30 000
预付账款		50 000	应付职工薪酬		0
其他应收款		0	应交税费		136 000
存货		896 000	其他应付款		0
一年内到期的非流动资产		0	一年内到期的非流动负债		0
持有待售资产		0	其他流动负债		0
其他流动资产		0	流动负债合计		366 000
流动资产合计		5 815 650	非流动负债：		
非流动资产：			长期借款		0
其他权益工具投资		0	应付债券		0
债权投资		198 400	长期应付款		0
投资性房地产		987 200	预计负债		0
长期股权投资		350 000	专项应付款		0
长期应收款		0	递延所得税负债		1 500

续表

资产	期末余额	年初余额	负债及所有者权益	期末余额	年初余额
固定资产		3 840 000	其他非流动负债	0	
在建工程		0	非流动负债合计		1 500
无形资产		1 176 000	负债合计		367 500
开发支出		0	所有者权益：		
商誉		0	实收资本(或股本)		10 000 000
长期待摊费用		0	资本公积		0
递延所得税资产		250	减：库存股		0
其他非流动资产		0	其他综合收益		0
非流动资产合计		6 551 850	盈余公积		200 000
			未分配利润		1 800 000
			所有者权益合计		12 000 000
资产合计		12 367 500	负责与所有者权益合计		12 367 500

6.2 第 1 单元科目汇总表

第 1 单元科目汇总表 单位：元

期间： **凭证编号：**

凭证张数： **其中作废凭证张数：** **原始单据数：**

科目名称	借方金额	贷方金额
库存现金		339
银行存款	4 956 088	2 110 940
其他货币资金		1 000 000
应收票据	361 600	361 600
应收账款	2 064 000	2 000 000
坏账准备		68
库存商品	2 760 000	3 006 000
存货跌价准备		2 000
应付票据		169 500
应付账款	150 000	113 000
应交税费	360 779	568 620
主营业务收入		4 374 000
主营业务成本	3 006 000	
销售费用	23 800	
管理费用	14 500	
财务费用	7 232	
资产减值损失	2 000	
信用减值损失	68	
合计	13 706 067	13 706 067

制表人： 审核： 打印日期：

6.3 第2单元科目汇总表

第2单元科目汇总表 单元：元

期间： 凭证编号：

凭证张数： 其中作废凭证张数： 原始单据数：

科目名称	借方金额	贷方金额
银行存款	84 000	664 450
交易性金融资产	92 500	63 500
应收股利	14 000	14 000
应收利息	7 500	
库存商品	100 000	
债权投资	312 083	
其他权益工具投资	90 270	12 270
长期股权投资	112 400	
应交税费	13 000	
其他综合收益	12 270	0
公允价值变动损益	8 500	32 500
投资收益	180	54 983
营业外收入		5 000
合计	846 703	846 703

制表人： 审核： 打印日期：

6.4 第3单元科目汇总表

第3单元科目汇总表 单元：元

期间： 凭证编号：

凭证张数： 其中作废凭证张数： 原始单据数：

科目名称	借方金额	贷方金额
银行存款	61 680	562 740
固定资产	285 000	20 000
累计折旧	1 600	180 880
固定资产清理	18 400	18 400
在建工程	405 000	205 000
无形资产	10 000	
累计摊销		25 000
投资性房地产累计折旧		19 200
应交税费	64 740	5 680
其他业务收入		40 000
其他业务成本	19 200	

续表

科目名称	借方金额	贷方金额
销售费用	126 040	
管理费用	82 840	
资产处置损益	2 400	
合计	1 076 900	1 076 900

制表人：　　　　审核：　　　　打印日期：

6.5　第 4 单元科目汇总表

第 4 单元科目汇总表　　　　单元：元

期间：　　　　凭证编号：

凭证张数：　　　其中作废凭证张数：　　　　原始单据数：

科目名称	借方金额	贷方金额
银行存款	2 456 900	3 879 000
在建工程	1 225 000	400 900
应付职工薪酬	2 085 000	2 085 000
应付股利	500 000	500 000
长期借款		1 000 000
应交税费	644 000	180 000
其他应付款	350 000	350 000
股本		1 000 000
资本公积		450 000
利润分配	500 000	
销售费用	1 467 500	
管理费用	617 500	
财务费用	5 000	6 000
合计	9 850 900	9 850 900

制表人：　　　　审核：　　　　打印日期：

6.6　第 5 单元科目汇总表

第 5 单元科目汇总表　　　　单元：元

期间：　　　　凭证编号：

凭证张数：　　　其中作废凭证张数：　　　　原始单据数：

科目名称	借方金额	贷方金额
银行存款	4 010 822	6 780 000
应收账款	5 333 600	2 791 100
坏账准备		5 085
库存商品	6 005 000	6 110 000

续表

科目名称	借方金额	贷方金额
发出商品		160 000
应收退货成本	35 000	35 000
存货跌价准备	1 600	
长期应收款	6 102 000	1 017 000
未实现融资收益	246 600	900 000
递延所得税资产	4 456	
应交税费	1 189 500	2 370 620
递延所得税负债		6 000
盈余公积		188 043
其他综合收益		3 068
利润分配	188 043	
主营业务收入		9 399 400
主营业务成本	6 263 800	
财务费用		246 600
资产减值损失		400
信用减值损失	5 085	
所得税费用	628 198	1 388
合计	30 013 704	30 013 704

制表人：　　　　审核：　　　　打印日期：

6.7 2021 年度科目汇总表

科目汇总表

2021 年度

科目名称	年初余额		本年发生额		年末余额	
	借方	贷方	借方	贷方	借方	贷方
库存现金	1 000			339	661	
银行存款	3 323 650		11 569 490	13 997 130	896 010	
其他货币资金	1 000 000			1 000 000	0	
交易性金融资产	46 000		92 500	63 500	75 000	
应收票据	0		361 600	361 600	0	
应收账款	470 000		7 397 600	4 791 100	3 076 500	
坏账准备		1 000		5 153		6 153
应收股利	0		14 000	14 000	0	
应收利息	0		7 500		7 500	
库存商品	736 000		8 865 000	9 116 000	485 000	
发出商品	160 000			160 000	0	
应收退货成本			35 000	35 000	0	

续表

科目名称	年初余额		本年发生额		年末余额	
	借方	贷方	借方	贷方	借方	贷方
存货跌价准备		0	1 600	2 000		400
其他权益工具投资			90 270	12 270	78 000	
债权投资	198 400		312 083		510 483	
长期股权投资	350 000		112 400		462 400	
长期应收款			6 102 000	1 017 000	5 085 000	
未实现融资收益			246 600	900 000		653 400
投资性房地产	1 000 000				1 000 000	
投资性房地产累计折旧		12 800		19 200		32 000
固定资产	4 000 000		285 000	20 000	4 265 000	
累计折旧		160 000	1 600	180 880		339 280
在建工程			1 630 000	605 900	1 024 100	
无形资产	1 200 000		10 000		1 210 000	
累计摊销		24 000		25 000		49 000
固定资产清理			18 400	18 400	0	
递延所得税资产	250		4 456	0	4 706	
应付票据		0		169 500		169 500
应付账款		150 000	150 000	113 000		113 000
应付职工薪酬		0	2 085 000	2 085 000		0
应交税费		136 000	2 272 019	3 124 920		988 901
应付股利		0	500 000	500 000		0
其他应付款		0	350 000	350 000		0
长期借款		0		1 000 000		1 000 000
递延所得税负债		1 500		6 000		7 500
股本		10 000 000		1 000 000		11 000 000
资本公积				450 000		450 000
其他综合收益			12 270	3 068	9 202	
盈余公积		200 000		188 043		388 043
利润分配		1 800 000	688 043	0		1 111 957①
主营业务收入				13 773 400		13 773 400
其他业务收入				40 000		40 000
主营业务成本			9 269 800		9 269 800	
其他业务成本			19 200		19 200	
税金及附加					0	
销售费用			1 617 340		1 617 340	

① 从“利润分配”科目起，下面所有损益类科目的余额为年末未结转前的余额。

续表

科目名称	年初余额		本年发生额		年末余额	
	借方	贷方	借方	贷方	借方	贷方
管理费用			714 840		714 840	
财务费用			12 232	252 600		240 368
公允价值变动损益			8 500	32 500		24 000
投资收益			180	54 983		54 803
资产减值损失			2 000	400	1 600	
信用减值损失			5 153	0	5 153	
营业外收入				5 000		5 000
资产处置损益			2 400		2 400	
所得税费用			628 198	1 388	626 810	
合计	12 485 300	12 485 300	55 494 274	55 494 274	30 446 705	30 446 705

制表人： 审核： 打印日期：

6.8 利润结算

1. 将各损益类科目余额转入“本年利润”科目

（1）收入结转。

借：主营业务收入 13 773 400
　　其他业务收入 40 000
　　财务费用 240 368
　　公允价值变动损益 24 000
　　投资收益 54 803
　　营业外收入 5 000
　贷：本年利润 14 137 571

（2）费用结转。

借：本年利润 12 257 143
　贷：主营业务成本 9 269 800
　　　其他业务成本 19 200
　　　销售费用 1 617 340
　　　管理费用 714 840
　　　资产减值损失 1 600
　　　信用减值损失 5 153
　　　资产处置损益 2 400
　　　所得税费用 626 810

2. 将“本年利润”科目余额转入“利润分配——未分配利润”科目

借：本年利润　　1 880 428

　贷：利润分配——未分配利润　　1 880 428

3. 将“利润分配”其他明细科目的余额转入“利润分配——未分配利润”科目

借：利润分配——未分配利润　　688 043

　贷：利润分配——提取法定盈余公积　　188 043

　　　　　　——向投资者分配股利　　500 000

6.9 编制财务报表

1. 资产负债表

资产负债表

编制单位：图宝商贸公司　　2021 年 12 月 31 日　　单位：元

资产	期末余额	年初余额	负债及所有者权益	期末余额	年初余额
流动资产：			流动负债：		
货币资金	896 671	4 324 650	短期借款	0	0
交易性金融资产	75 000	46 000	应付票据	169 500	0
应收票据	0	0	应付账款	113 000	200 000
应收账款	3 070 347	499 000	预收账款	0	30 000
预付账款	0	50 000	应付职工薪酬	0	0
应收股利	0	0	应交税费	366 198	136 000
应收利息	7 500	0	应付股利	0	0
其他应收款	0	0	应付利息	0	0
存货	484 600	896 000	其他应付款	0	0
一年内到期的非流动资产	1 772 640	0	一年内到期的非流动负债	234 000	0
持有待售的非流动资产	0	0	其他流动负债	292 500	0
其他流动资产	254 797	0	流动负债合计	1 175 198	366 000
流动资产合计	6 561 555	5 815 650	非流动负债：		
非流动资产：			长期借款	1 000 000	0
其他权益工具投资	78 000	0	应付债券	0	0
债权投资	510 483	198 400	长期应付款	0	0
投资性房地产	968 000	987 200	预计负债	0	0

续表

资产	期末余额	年初余额	负债及所有者权益	期末余额	年初余额
长期股权投资	462 400	350 000	专项应付款	0	0
长期应收款	2 658 960		递延所得税负债	7 500	1 500
固定资产	3 925 720	3 840 000	其他非流动负债	351 000	0
在建工程	1 024 100	0	非流动负债合计	1 358 500	1 500
工程物资	0	0	负债合计	2 533 698	367 500
固定资产清理	0		所有者权益：		
无形资产	1 161 000	1 176 000	实收资本（或股本）	11 000 000	10 000 000
开发支出	0	0	资本公积	450 000	0
商誉	0	0	减：库存股	0	0
长期待摊费用	0		其他综合收益	−9 202	0
递延所得税资产	4 706	250	盈余公积	388 043	200 000
其他非流动资产	0		未分配利润	2 992 385	1 800 000
非流动资产合计	10 793 369	6 551 850	所有者权益合计	14 821 226	12 000 000
资产总计	17 354 924	12 367 500	**负债及所有者权益总计**	17 354 924	12 367 500

说明：

（1）“应交税费”科目贷方余额为 988 901 元，其中：

“应交所得税”明细科目贷方余额 366 198 元，列入“应交税费”项目。

“应交增值税”明细科目借方余额 254 797 元，列入“其他流动资产”项目。

“待转销项税额”明细科目贷方余额 877 500 元，其中，短期应收待转销项税额 292 500 元，列入“其他流动负债”项目；长期应收待转销项税额 585 000 元，一年内到期的 234 000 元（585 000÷5×2），列入“一年内到期的非流动负债”项目一年以上到期的 351 000 元（585 000÷5×3），列入“其他非流动负债”项目。

（2）“长期应收款”科目借方余额 5 085 000 元，“未实现融资收益”科目贷方余额 653 400 元，长期应收款净额 4 431 600 元中，一年内到期的 1 772 640 元，列入“一年内到期的非流动资产”项目；一年以上到期的 2 658 960 元，列入“长期应收款”项目。

2. 利润表

利润表

编制单位：图宝商贸公司　　　　2021 年度　　　　单位：元

项目	本年金额	上年金额
一、营业收入	13 813 400	略
减：营业成本	9 289 000	
税金及附加	0	
销售费用	1 617 340	
管理费用	714 840	
财务费用（收益以“−”号填列）	−240 368	
资产减值损失	1 600	

续表

项目	本年金额	上年金额
信用减值损失	5 153	
加：公允价值变动收益（损失以"－"号填列）	24 000	
投资收益（损失以"－"号填列）	54 803	
资产处置收益	－2 400	
二、营业利润	2 502 238	
加：营业外收入	5 000	
减：营业外支出	0	
三、利润总额	2 507 238	
减：所得税费用	626 810	
四、净利润	1 880 428	
五、其他综合收益的税后净额	－9 202	
（一）以后会计期间不能重分类进损益的其他综合收益项目	－9 202	
（二）以后会计期间在满足规定条件时将重分类进损益的其他综合收益项目		
1. 权益法下在被投资单位其他综合收益中享有的份额		
2. 可供出售金融资产公允价值变动损益		
3. 其他资产转换为投资性房地产公允价值高于账面价值的差额		
4. 其他		
六、综合收益	1 871 226	

3. 现金流量表

现金流量表

编制单位：图宝商贸公司　　　　2021 年度　　　　单位：元

项目	行次	本年金额	上年金额
一、经营活动产生的现金流量：	略		略
销售商品、提供劳务收到的现金		8 887 890	
收到的税费返还			
收到其他与经营活动有关的现金		40 000	
经营活动现金流入小计		8 927 890	
购买商品、接受劳务支付的现金		10 018 019	
支付给职工以及为职工支付的现金		2 085 000	
支付的各项税费		392 000	
支付其他与经营活动有关的现金		41 300	
经营活动现金流出小计		12 536 319	

续表

项目	行次	本年金额	上年金额
经营活动产生的现金流量净额		−3 608 429	
二、投资活动产生的现金流量：			
收回投资收到的现金		70 000	
取得投资收益收到的现金		14 000	
处置固定资产、无形资产和其他长期资产收回的现金净额		16 000	
处置子公司及其他营业单位收到的现金净额			
收到其他与投资活动有关的现金			
投资活动现金流入小计		100 000	
购建固定资产、无形资产和其他长期资产支付的现金		1 295 000	
投资支付的现金		551 450	
取得子公司及其他营业单位支付的现金净额			
支付其他与投资活动有关的现金			
投资活动现金流出小计		1 846 450	
投资活动产生的现金流量净额		−1 746 450	
三、筹资活动产生的现金流量：			
吸收投资收到的现金		1 450 000	
取得借款收到的现金		1 000 000	
收到其他与筹资活动有关的现金			
筹资活动现金流入小计		2 450 000	
偿还债务支付的现金			
分配股利、利润或偿付利息支付的现金		523 100	
支付其他与筹资活动有关的现金			
筹资活动现金流出小计		523 100	
筹资活动产生的现金流量净额		1 926 900	
四、汇率变动对现金及现金等价物的影响			
五、现金净增加额		−3 427 979	
加：期初货币资金及现金等价物余额		4 324 650	
六、期末货币资金及现金等价物余额		896 671	

说明：

销售商品、提供劳务收到的现金＝主营业务收入 13 773 400－应收账款（期末数 3 070 347－期初数 499 000）＋预收账款（期末数 0－期初数 30 000）－长期应收款（期末数 2 658 960＋一年内到期非流动资产期末数 1 772 640－期初数 0）＋未实现融资收益摊销 246 600＋销售商品销项税额 1 035 722＋待转销项税额（其他流动负债期末数 292 500＋一年内到期的非流动负债 234 000＋其他非流动负债 351 000－期初数 0）－计提坏账准备 5 153－应收票据贴现 7 232＝8 887 890（元）

收到其他与经营活动有关的现金＝其他业务收入＝40 000（元）

购买商品、接受劳务支付的现金＝主营业务成本 9 269 800＋购入商品进项税额 1 290 519＋存货（期末数 484 600－

期初数 896 000)－应付票据（期末数 169 500－期初数 0)－应付账款（期末数 113 000－期初数 200 000)＋预付账款（期末数 0－期初数 50 000)＋计提存货跌价准备 1 600＝10 018 019(元)

支付给职工以及为职工支付的现金＝计入销售费用（1 100 000＋340 000＋27 500)＋计入管理费用（500 000＋105 000＋12 500)＝2 085 000(元)

支付的各项税费＝税金及附加 0－未交增值税（期末数 0－期初数 50 000)－应交城市维护建设税（期末数 0－期初数 3 500)－应交教育费附加（期末数 0－期初数 2 500)＋所得税费用 626 810－应交所得税（期末数 366 198－期初数 80 000)＋递延所得税资产（期末数 1 638－期初数 250)－递延所得税负债（期末数 7 500－期初数 1 500)＝392 000(元)

支付其他与经营活动有关的现金＝其他业务成本 19 200－投资性房地产折旧 19 200＋销售费用 1 617 340＋管理费用 714 840－职工薪酬 2 085 000－固定资产折旧 180 880－无形资产摊销 25 000＝41 300(元)

收回投资收到的现金＝交易性金融资产 63 500＋投资收益 6 500＝70 000(元)

取得投资收益收到的现金＝收到子公司现金股利 14 000(元)

处置固定资产、无形资产和其他长期资产收回的现金净额＝出售固定资产原值 20 000－累计折旧 1 600－处置损失 2 400＝16 000(元)

购建固定资产、无形资产和其他长期资产支付的现金＝在建工程支出（200 000＋5 000＋200 000＋800 000)＋固定资产支出 80 000＋无形资产支出 10 000＝1 295 000(元)

投资支付的现金＝取得交易性金融资产 60 000＋交易性金融资产手续费 180＋取得其他权益工具投资 90 270＋取得债权投资 300 000＋取得长期股权投资 101 000＝551 450(元)

吸收投资收到的现金＝股本 1 000 000＋股本溢价 450 000＝1 450 000(元)

取得借款收到的现金＝长期借款 1 000 000(元)

分配股利、利润或偿付利息支付的现金＝分配股利 500 000＋资本化利息支出净额（25 000－900）＋费用化利息支出 5 000－利息收入 6 000＝523 100(元)

现金流量表附表（间接法）

编制单位：图宝商贸公司　　　　2021 年度　　　　单位：元

项目	行次	本年金额	上年金额
将净利润调节为经营活动现金流量：			略
净利润		1 880 428	
加：资产减值准备		6 753	
投资性房地产折旧		19 200	
固定资产折旧		180 880	
无形资产摊销		25 000	
长期待摊费用摊销		0	
处置固定资产、无形资产和其他长期资产的损失（收益以“－”号填列）		2 400	
固定资产报废损失（收益以“－”号填列）		0	
公允价值变动损失（收益以“－”号填列）		－24 000	
财务费用（收益以“－”号填列）		－240 368	
投资损失（收益以“－”号填列）		－54 803	
递延所得税资产减少（增加以“－”号填列）		－1 388	
递延所得税负债增加（减少以“－”号填列）		6 000	
存货的减少（增加以“－”号填列）		409 800	
经营性应收项目的减少（增加以“－”号填列）		－5 026 092	
经营性应付项目的增加（减少以“－”号填列）		－787 239	

续表

项目	行次	本年金额	上年金额
其他		－5 000	
经营活动产生的现金流量净额		－3 608 429	

说明：

存货的减少＝期初数 896 000－期末数 484 600－存货跌价准备 1 600＝409 800(元)

经营性应收项目的减少＝应收账款（期初数 499 000－期末数 3 070 347)＋长期应收款（期初数 0－期末数 2 658 960)－预收账款（期初数 30 000－期末数 0)＋未实现融资收益摊销 246 600－计提坏账准备 5 153－应收票据贴现 7 232＝－5 026 092(元)

经营性应付项目的增加＝应付票据（期末数 169 500－期初数 0)＋应付账款（期末数 113 000－期初数 200 000)－预付账款（期末数 0－期初数 50 000)＋应交税费（期末数 366 198－期初数 136 000)＋一年内到期的非流动负债（期末数 234 000－期初数 0)＋其他流动负债（期末数 292 500－期初数 0)＋其他非流动负债（期末数 351 000－期初数 0)－一年内到期的非流动资产（期末数 1 772 640－期初数 0)－其他流动资产（期末数 254 797－期初数 0)＝－787 239(元)

其他＝长期股权投资权益法初始投资成本调整＝－5 000(元)

4. 所有者权益变动表

所有者权益变动表

编制单位：图宝商贸公司　　2021 年度　　单位：元

项目	行次	本年金额						
		实收资本（或股本）	资本公积	减:库存股	其他综合收益	盈余公积	未分配利润	所有者权益合计
一、上年年末余额	略	10 000 000			0	200 000	1 800 000	12 000 000
1. 会计政策变更								
2. 前期差错更正								
二、本年年初余额		10 000 000			0	200 000	1 800 000	12 000 000
三、本年增减变动金额（减少以“－”号填列		1 000 000	450 000		－9 202	188 043	1 192 385	2 821 226
(一) 综合收益总额					－9 202		1 880 428	1 871 226
(二) 所有者投入和减少资本		1 000 000	450 000					1 450 000
1. 所有者投入资本		1 000 000	450 000					1 450 000
2. 股份支付计入所有者权益的金额								
3. 其他								
(三) 利润分配						188 043	－688 043	－500 000
1. 提取盈余公积						188 043	－188 043	0
2. 对所有者（或股东）的分配							－500 000	－500 000
3. 其他								

续表

项目	行次	本年金额						
		实收资本（或股本）	资本公积	减：库存股	其他综合收益	盈余公积	未分配利润	所有者权益合计
（四）所有者权益内部结转								
1. 资本公积转增资本（或）股本								
2. 盈余公积转增资本（或）股本								
3. 盈余公积弥补亏损								
4. 其他								
四、本年年末余额		11 000 000	450 000		−9 202	388 043	2 992 385	14 821 266

6.10 第 6 单元科目汇总表

第 6 单元科目汇总表 单位：元

科目名称	借方金额	贷方金额
投资性房地产	300 000	
投资性房地产累计折旧	32 000	
递延所得税负债		83 000
盈余公积		24 900
利润分配	78 100	302 200
以前年度损益调整	149 000	149 000
合计	559 100	559 100

教师教学服务说明

中国人民大学出版社财会出版分社以出版经典、高品质的会计、财务管理、审计等领域各层次教材为宗旨。

为了更好地为一线教师服务，近年来财会出版分社着力建设了一批数字化、立体化的网络教学资源。教师可以通过以下方式获得免费下载教学资源的权限：

在中国人民大学出版社网站 www. crup. com. cn 进行注册，注册后进入“会员中心”，在左侧点击“我的教师认证”，填写相关信息，提交后等待审核。我们将在一个工作日内为您开通相关资源的下载权限。

如您急需教学资源或需要其他帮助，请在工作时间与我们联络：

中国人民大学出版社　财会出版分社

联系电话：010-62515987，62511076

电子邮箱：ckcbfs@ crup. com. cn

通讯地址：北京市海淀区中关村大街甲 59 号文化大厦 1501 室（100872）

人大社财会